AF542156

INVENTAIRE
V 34660

L'INDUSTRIE
MODERNE

SES PROGRÈS ET LES CONDITIONS DE SA PUISSANCE

(Exposition universelle de 1862)

PAR

M. MICHEL CHEVALIER

EXTRAIT DE LA *REVUE DES DEUX MONDES*
LIVRAISON DU 1er NOVEMBRE 1862

PARIS
IMPRIMERIE DE J. CLAYE
RUE SAINT-BENOIT, 7

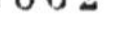

1862

V

L'INDUSTRIE

MODERNE

SES PROGRÈS ET LES CONDITIONS DE SA PUISSANCE

34660

C.

L'INDUSTRIE

MODERNE

SES PROGRÈS ET LES CONDITIONS DE SA PUISSANCE

(Exposition universelle de 1862)

PAR

M. MICHEL CHEVALIER

EXTRAIT

DE LA *REVUE DES DEUX MONDES*

LIVRAISON DU 1er NOVEMBRE 1862

PARIS

IMPRIMERIE DE J. CLAYE, 7, RUE SAINT-BENOIT

1862

L'INDUSTRIE MODERNE

SES PROGRÈS

ET LES CONDITIONS DE SA PUISSANCE

EXPOSITION UNIVERSELLE DE 1862 (1)

I. — ASPECT GÉNÉRAL DE L'EXPOSITION.

L'exposition universelle de 1862 a eu un grand succès qui, à l'heure même où j'écris, achève à peine son cours; chaque jour, on a vu cinquante ou soixante mille visiteurs se presser dans les galeries et les nefs du palais de Kensington. Un tel empressement s'ex-

(1) On sait que la partie française de l'exposition universelle de Londres a été organisée par une commission spéciale constituée et choisie par un décret impérial, et dont le président assidu a été le prince Napoléon. Cette commission a choisi les membres français du jury international, au nombre de 130, dont 65 titulaires et 65 suppléans. Aux termes du règlement, les jurés français ont dû faire sur l'exposition un rapport qui en embrassât l'ensemble, mais qui fût conçu au point de vue français, c'est-à-dire qui indiquât quels enseignemens en ressortaient pour l'industrie nationale, et quelles mesures pourraient être prises afin d'accélérer les progrès de celle-ci. Le travail a été partagé entre eux de telle sorte que quatre-vingt-dix-neuf personnes y ont concouru. Le rapport général se compose ainsi de quatre-vingt-dix-neuf rapports et même d'un plus grand nombre, car quelques-uns des rapporteurs ont traité plusieurs sujets. Pour la publication, qui sera prochaine (6 vol., Chaix), ce travail a été centralisé entre les mains de M. Michel Chevalier, que les jurés français avaient élu leur président. Ce sera la première fois que le rapport aura été publié avant la clôture définitive de l'exposition. L'étude qu'on va lire, et qui forme la partie principale de l'introduction, est un examen de l'exposition de 1862 observée dans les progrès qu'elle constate et dans les dispositions administratives et législatives qu'elle appelle.

plique par diverses raisons, et d'abord parce que l'exposition justifie son titre autant qu'il est possible. C'est bien en effet une exposition universelle, car toutes les branches des arts utiles y sont représentées, et tous les peuples à peu près ont mis un remarquable zèle à y concourir. On a signalé quelques abstentions, d'autant plus regrettables qu'elles étaient moins motivées. En France, les chefs d'industrie qui en ont donné l'exemple étaient assurés de recueillir des couronnes à l'exposition de Londres. Ces abstentions cependant ont été individuelles, et n'ont pas empêché les productions importantes des différens états de s'y montrer de manière à être justement appréciées. Si toutes les industries n'y ont pas obtenu tout l'espace qu'elles réclamaient, et c'est le cas pour plusieurs de la France, c'est qu'un obstacle de force majeure s'y est opposé : la variété des produits industriels va croissant tous les jours, et de plus en plus chaque nation embrasse un plus grand nombre de fabrications, si bien que l'édifice de Kensington, quelque vaste qu'il soit, était bien loin de pouvoir suffire à l'amplitude des demandes d'emplacement. A ce point de vue même, l'entreprise des expositions universelles semble devoir rencontrer à l'avenir de grandes difficultés matérielles : il n'y aura bientôt plus d'édifice assez vaste pour les contenir.

Rien de plus saisissant pour un observateur, même peu familier avec les procédés de l'industrie, que le spectacle de ces salles spacieuses où sont réunies une si grande quantité de productions disposées avec intelligence et avec art. Des milliers d'objets différens sont là, rangés en ordre sous des voûtes de verre à travers lesquelles la lumière se précipite par torrens, toutes les fois du moins que le permet le climat de Londres, qui cette année s'est montré plus inclément que de coutume. L'aspect fort modeste du bâtiment à l'extérieur prépare le spectateur, par la voie du contraste, à être fortement saisi par le tableau qui, le seuil de la porte une fois franchi, s'étale à ses regards; mais d'autres contrastes et d'autres oppositions attendent le visiteur.

Ce sont par exemple les matières brutes dans leur nudité et leur simplicité, non loin des produits fabriqués, qui se recommandent par leurs dispositions ingénieuses ou par une forme élégante que le bon goût a inspirée, ou par leur splendeur native développée par le travail. Ainsi les roches de quartz aurifère de la Californie et de l'Australie sont à peu de distance de la bijouterie et de l'orfévrerie la plus habilement ouvragée ou la plus éblouissante, rehaussée dans beaucoup d'échantillons par les reflets aux mille nuances des pierreries et des perles. Les minerais d'argent, qui à première vue diffèrent à peine de la pierre vulgaire, se rencontrent à quelques pas de ces grandes pièces que les orfévres de nos capitales ont préparées pour décorer la table des modernes Crésus, ou près de ces cadeaux magnifiques, sous la forme de coupes ou de boucliers, qu'une riche cité ou une province, jalouse de faire remarquer son dévouement pour la maison régnante, s'empresse d'offrir à ses princes à l'occasion de leur avénement au trône ou de leur mariage. Les minerais de fer, qui ont rarement une apparence propre à captiver le regard, font de même ressortir les objets à l'aspect tantôt brillant, tantôt sévère, qui en proviennent, tels que ceux qui se fabriquent en acier poli, ou que ces majestueux mécanismes de l'industrie dont le fer et la fonte sont les matières les plus usuelles, ou encore comme ces terribles engins de guerre, et particulièrement les canons, qu'on rencontre trop souvent peut-être dans les galeries de l'exposition, ou enfin comme les articles en fonte moulée auxquels on est parvenu à donner du premier jet beaucoup de fini (1), et qu'en recouvrant d'un vernis on fait passer assez aisément pour du bronze artistement travaillé. Ce sont aussi les argiles diverses en opposition avec tant de poteries belles par leur modelé et par leur glacé, plus belles par les couleurs dont on pare leur surface ou par les applications dont on les parsème. Ou bien ce sont des matières sans mérite ou du moins sans agrément, telles que les sables, la potasse et les oxydes de plomb, non loin des objets éblouissans qui en sont composés, comme ces glaces si grandes, si transparentes, d'une eau si pure, — ces cristaux mats, blancs ou colorés, — ces verres moulés qui se fabriquent à si vil prix maintenant, de manière à permettre au plus modeste ménage de se donner un air de luxe, — ces coupes de cristal ciselé sur lesquelles un travail ingénieux s'est accumulé au point d'en centupler dix fois la valeur première, — enfin ces appareils lumineux des phares que la science de Fresnel a rendus si puissans, et que des gouvernemens intelligens distribuent en si grand nombre sur les côtes des pays civilisés pour la sûreté des navigateurs.

Dans les salles de l'exposition, l'observateur a lieu d'être frappé d'un autre contraste, celui qui naît du rapprochement des productions émanées des peuples qui représentent la civilisation sous les différentes formes qu'elle a successivement revêtues. Dans ces longues galeries, on trouve la manifestation du génie industriel de la société humaine dans les situations diverses qu'elle a traversées depuis ses plus humbles essais d'organisation jusqu'à la constitution savante et complexe des grandes nations modernes. C'est qu'à l'heure actuelle tous les âges de la civilisation coexistent sur la terre. On y rencontre encore en effet soit le sauvage qui en est à attendre chaque

(1) C'est ce qui frappe surtout dans l'exposition d'un fondeur français, M. Durenne.

jour sa subsistance du succès de sa chasse ou de sa pêche, soit les tribus de pasteurs qui reproduisent presque servilement le modèle de société que la Bible nous montre sous la tente et dans la famille des patriarches, soit les peuples placés sous un régime féodal semblable à l'organisation politique et sociale qui était en vigueur parmi les nations de l'Europe il y a six ou huit siècles. Tout cela subsiste et même affecte de faire bonne contenance à côté des puissantes monarchies, à peu près toutes représentatives aujourd'hui, qui occupent les parties les plus prospères de l'ancien continent, et en face des républiques grandes ou petites qui sont éparses sur la surface du nouveau. Chacune de ces combinaisons de gouvernement et de société a son cachet qui se reconnaît sur les produits mêmes de son industrie. A ce propos, je puis citer les divers rameaux de la civilisation asiatique ou orientale, si différente dans son génie de la civilisation occidentale ou chrétienne. Leurs productions sont moins variées que celles de l'Europe. Plusieurs n'en sont pas moins intéressantes; elles ont dans la forme et dans l'aspect une originalité qui saisit l'attention et excite souvent l'admiration même. Ainsi les expositions de l'Inde, de la Chine et du Japon méritent d'être regardées de près et avec soin. L'Inde surtout fait bonne figure à l'exposition. L'île de Java, qui est une des plus riches colonies du monde, mais qui reste peuplée à peu près exclusivement d'Asiatiques, s'y montre aussi fort à son avantage.

Par une dérogation dont les curieux ne se plaignent pas, on trouve à l'exposition un petit nombre d'objets qui remontent à des peuples depuis longtemps disparus. Les vitrines de l'Égypte offrent aux regards du public étonné des bijoux en or dont se parait une reine cinq cents ans avant Moïse, et des statuettes en terre cuite auxquelles on attribue une antiquité de quinze cents ans plus reculée. Les bijoux en or sont d'un bon dessin et d'une exécution très soignée. C'est la preuve que la civilisation est bien ancienne sur les bords du Nil, la preuve aussi que l'attention de l'homme et son sentiment du beau ont été captivés de temps immémorial par les qualités de ce métal. Il semble que la beauté de l'or ait dès l'origine excité et développé l'adresse et le talent de l'ouvrier.

Dans le giron même de la civilisation occidentale, la plupart des colonies se distinguent par ce caractère, qu'elles se consacrent presque absolument à la production des matières premières : ici, comme en Australie, la laine d'innombrables troupeaux, et puis du cuivre, et puis de l'or; là, comme au Canada et dans les provinces attenantes, des spécimens multipliés de bois bruts ou dégrossis, ou façonnés en des formes simples, telles que des manches de haches ou d'autres outils; ailleurs des cuirs et des graisses. D'autres colonies

favorisées d'un climat plus chaud, et peuplées en grande partie d'Africains que la traite y a apportés, sont adonnées à des matières premières d'un autre genre, aux denrées dites coloniales, le sucre et le café principalement. Pendant ce temps, les états qui ont des annales plus longues, par conséquent une population plus dense, varient presque à l'infini leurs cultures et leurs fabrications, et se livrent avec un succès toujours croissant aux articles qui réclament le travail le plus fini et le plus minutieux.

Une exposition de l'industrie exécutée dans ces conditions se recommande certainement par le pittoresque. Ce qui a plus de prix, elle est du plus haut intérêt pour le savant ou le technologiste avide d'observer le mouvement des arts, ou pour le manufacturier désireux de comparer afin de s'instruire et de se perfectionner. Elle permet de parcourir presque en un clin d'œil l'histoire des efforts de l'espèce humaine pour faire servir à la satisfaction de ses besoins les matériaux du globe et toutes les ressources qu'il fournit. Elle donne la mesure de l'espace parcouru dans cette vaste carrière depuis l'origine jusqu'à nos jours.

Parmi les comparaisons qu'un spectateur même peu érudit peut faire avec profit entre les différens états de société, il en est de saisissantes. Je citerai entre autres celles qui auraient pour sujet les navires auxquels l'homme confie les intérêts de son commerce et quelquefois la défense de l'indépendance nationale. On trouve à l'exposition les extrêmes en ce genre. On y voit figurer le canot d'écorce dans lequel l'Indien de l'Amérique du Nord se lance sur les fleuves et même sur les lacs, canot si léger que le navigateur peut, sans trop de fatigue, en charger ses épaules afin de traverser ce que les colons français du Canada appelaient pour ce motif un *portage*, c'est-à-dire l'espace sur lequel la navigation est interrompue. C'est le Nouveau-Brunswick qui l'a exposé. Dans une autre salle, se présentent les paquebots à vapeur munis de fortes machines qui traversent l'Atlantique avec une rapidité inouie et une régularité parfaite; mais on admire surtout les grands bâtimens de guerre, notamment ces navires cuirassés, les plus terribles machines que l'homme ait jamais imaginées pour la destruction, mais dont la dépense est tellement grande que, seuls, les états du premier ordre peuvent se la permettre. C'est ainsi que le beau paquebot transatlantique le *Persia* et les navires de guerre l'*Achilles*, le *Warrior* et l'*Agincourt* sont présens à l'exposition par leurs modèles ou par les pièces principales des machines à vapeur destinées à les mouvoir.

C'est une grande satisfaction assurément que de pouvoir faire le tour du monde entier sans sortir d'une suite de salles élégamment disposées, décorées d'objets d'art ou de chefs-d'œuvre industriels, bordées de ce qu'il y a de plus beau parmi les plantes exotiques, et rafraîchies par des fontaines d'ornement d'où l'eau s'épanche en abondance. Un des plus vifs plaisirs qu'un esprit sérieux puisse se procurer, c'est assurément cette revue du monde. L'exploration de notre planète peut encore se faire par d'autres moyens sous les voûtes du palais de Kensington. On peut, par exemple, y étudier la constitution du territoire des différentes régions du globe par les échantillons géologiques et minéralogiques, méthodiquement classés, qui ont été apportés des différentes parties de la terre. On a la faculté, dans cette pérégrination, de s'assister de bonnes cartes de géographie, d'excellentes mappemondes, même de globes où la terre est représentée dans sa rotondité, car tout cela y est étalé. On a encore pour quelques contrées, surtout pour quelques-unes de celles que nous ignorons le plus en Europe, l'assistance de paysages joliment dessinés et peints. C'est ainsi qu'on s'arrête avec un vif intérêt devant une suite de vues de l'Australie.

Je n'exagère pas le mérite de l'exposition en disant que c'est un champ d'observations pour le philosophe, pour l'historien, pour l'homme d'état. On y trouve en effet des indications précises, positives, flagrantes, sur la situation des différens peuples, leurs usages, leurs mœurs, leur avancement dans les sciences et les beaux-arts, leur degré de richesse, la densité de leur population. De même que le physiologiste ou l'homme versé dans l'anatomie comparée arrive, par le moyen d'un seul ossement d'un des animaux antédiluviens, à en déterminer la constitution, de même, et à plus forte raison, il est possible de faire la description d'une société et de déterminer les traits et les caractères de sa civilisation quand on a sous les yeux tout ou presque tout ce qu'elle sait faire, quand on peut voir et toucher ses ustensiles, ses meubles, ses vêtemens, examiner les ornemens dont elle aime à se parer et goûter des yeux au moins aux alimens dont elle délecte son palais.

Il est un autre sujet sur lequel l'exposition ouvre des perspectives étendues, plus riches sans doute d'espoir que de réalité, mais dont l'intérêt est infini. En m'exprimant ainsi, je ne fais pas allusion seulement aux machines nouvelles, d'un genre ignoré jusqu'à notre époque, qui viennent de naître, et dont il est impossible encore de prévoir le dernier mot. Je n'ai pas en vue non plus, quelques promesses qu'ils fassent, les corps nouveaux que l'homme a pour ainsi dire créés en les extrayant du sein de substances dans lesquelles ils étaient engagés au point qu'il semblait impossible non pas seulement de les y voir, mais de les y soupçonner. Ce que je voudrais signaler de préférence, ce sont ces matières brutes que la nature nous présente disséminées dans des climats lointains, matières que nous connaissons à peine et dont nous n'avons tiré qu'un parti insignifiant encore, mais dont il y a lieu de penser que l'industrie humaine fera profiter la société sur de grandes proportions à cause des qualités originales qui leur sont propres. Voyez le caoutchouc : c'est un suc grossièrement recueilli par des peuplades sauvages ou à demi civilisées, et qui, se coagulant à l'air, se change en une substance molle et élastique. Pendant une assez longue suite d'années, qu'a-t-on su en faire? Un petit ustensile de bureau pour nettoyer les papiers souillés, un jouet d'enfant qui rebondit lorsqu'il a frappé la terre ou a été lancé contre un mur. C'est alors que l'industrie s'en est emparée et qu'elle en a tiré une multitude d'articles. La chirurgie utilise le caoutchouc dans ses instrumens ou dans les tissus dont elle enveloppe les membres malades. Dans le vêtement, le caoutchouc a de nombreux emplois, et d'abord il nous procure des manteaux imperméables et légers, dont le prix est à la portée de toutes les bourses. Le caoutchouc rend une multitude d'autres services à l'hygiène. La grande industrie des chemins de fer a recours au caoutchouc vulcanisé, c'est-à-dire combiné avec une certaine proportion de soufre, pour les tampons destinés à amortir le choc de ses monstrueux engins. La mécanique l'adapte à une foule de destinations auxquelles il répond mieux que tout ce qui servait jusqu'à ce jour. C'est ainsi que les courroies en caoutchouc sont préférables à celles de cuir pour la transmission du mouvement. Le caoutchouc fournit à la navigation des instrumens de sauvetage et des nacelles entières, aux voyageurs des coussins et de la literie très portative. A l'architecture il donne le *kamptulicon*, substance excellente pour ménager dans les salles les plus fréquentées un sol que n'use pas la circulation la plus active et sur lequel les plus gros souliers n'ont aucun de ces retentissemens qui dérangent l'homme voué à un travail attentif (1). Complétement durci par les procédés qu'a fournis la chimie, il devient un autre corps qui sert avantageusement à faire plusieurs ustensiles, des ornemens de la personne ou des articles de toilette. Voilà déjà une longue liste d'usages, qui pourtant est fort incomplète, et chaque jour d'autres viennent s'y ajouter. La gutta-percha, substance plus récemment connue que le caoutchouc, n'est encore qu'au début de ses applications; mais elle fait concevoir plus que des espérances.

Dieu seul sait les découvertes qui seront faites en ce genre, lorsque le globe aura été mieux exploré par les savans et par les hommes

(1) On l'a employé avec succès dans la vaste salle de lecture qui a été établie d'une manière si commode pour le public au Musée Britannique, à Londres, par M. Panizzi, l'habile directeur de ce magnifique établissement. Le *kamptulicon* est en usage aussi dans quelques-unes des salles de la Banque d'Angleterre.

que la pente de leur esprit porte à rechercher les choses utiles. Voici un exemple que je prends au hasard entre mille, parce qu'il est représenté à l'exposition. Un jour, arrive dans un de nos ports un navire qui revenait des parages de l'Amérique du Sud; il avait touché à Guayaquil, et il y avait pris en guise de lest de gros noyaux, produits d'un arbre qui croît par la grâce de Dieu dans la contrée, sans que les hommes aient jamais pris la peine de le cultiver. Ces noyaux, durs et pesans, gros un peu moins que le poing, ressemblent aux galets qu'on charge comme lest dans la plupart des ports, et c'est ce qui avait déterminé le capitaine à les embarquer. La douane de ce temps-là, instrument docile du système prohibitioniste, en vertu duquel on regardait comme une calamité l'entrée de toute substance étrangère, fit des difficultés pour laisser pénétrer cette noix inconnue; à la fin cependant, l'entrée fut permise, et l'objet fut soumis à l'examen de manufacturiers qui trouvèrent que pour plusieurs destinations il pouvait remplacer l'ivoire, que pour certaines il était préférable. On lui a donné le nom d'*ivoire végétal*; dans le pays d'origine, c'est le *coroso*. On en fait aujourd'hui des millions de boutons, et on est parvenu à le colorer de beaucoup de nuances, ce qui permet d'en varier les produits.

Mais voici un exemple plus décisif au sujet de la puissance d'extension qui est propre à l'industrie humaine. Qu'était-ce que le *jute* dans les manufactures européennes il y a vingt ans? Le nom même n'en était pas connu en Europe. Un savant anglais, le docteur Roxburgh, avait bien signalé à ses compatriotes, il y a une soixantaine d'années, l'usage que les habitans du Bengale et de la Chine faisaient de ce textile; l'avis avait passé inaperçu. Enfin, il y a quinze ou vingt ans, des manufacturiers de l'Angleterre ou plutôt de l'Écosse se mirent à l'essayer. La conséquence a été la création d'une grande industrie qui emploie une nombreuse population ouvrière et fait la prospérité de la ville de Dundee. Les relevés officiels du commerce anglais constatent que la quantité de jute importée de l'Inde dans le royaume-uni atteint maintenant 45 ou 46 millions de kilogrammes que l'on convertit en différens tissus communs, en attendant qu'on en produise de plus fins. On en fabrique aussi des tapis dont le bon marché est presque incroyable; en ce moment, on les vend en France, après avoir acquitté les droits d'entrée et les frais de transport, sur le pied de 1 fr. à 1 fr. 20 c. le mètre.

II. — DE LA PUISSANCE PRODUCTIVE DE L'HOMME ET DE LA SOCIÉTÉ. — SON ORIGINE. — PROGRÈS RAPIDES QU'ELLE ACCOMPLIT DEPUIS UN SIÈCLE.

Y a-t-il quelque vérité frappante qui ressorte de l'examen de l'exposition universelle de 1862? et surtout l'homme qui désire l'amélioration du sort de ses semblables est-il fondé à en tirer quelque conclusion consolante?

A cette question, il me semble difficile de répondre autrement que par l'affirmative. Envisagée dans son ensemble, l'exposition atteste que la puissance productive de l'homme, de l'individu aussi bien que de la société, va en augmentant d'une manière continue, et que cette progression a pris le caractère de l'accélération la plus prononcée depuis une date qui remonte à peine à un siècle.

La puissance productive de l'homme détermine celle de la collection organisée des individus, qui est la société. La puissance productive de la société est à sa richesse ce que la cause est à l effet. A proprement parler, les deux ne font qu'un. La richesse de la société, c'est tout ce qu'on y trouve d'échangeable par voie d'achat ou de vente, et qui par conséquent répond à quelqu'un des besoins de l'homme. L'or et l'argent, que le vulgaire regarde comme la richesse principale, l'unique richesse, ne sont dans la richesse de la société qu'un accessoire, accessoire important toutefois, en ce qu'ils servent de dénominateur commun pour exprimer la valeur de tous les autres objets. Plus une société a de puissance productive et plus chaque année elle crée de richesse, plus est grande par conséquent la quantité des objets de toute sorte applicables aux besoins divers de ses membres, qu'elle peut tous les ans répartir entre eux, — les rendant par cela même plus riches ou moins malaisés.

Pour écarter toute équivoque, et, autant qu'il dépend de moi, toute obscurité, j'essaie d'indiquer le sens précis de ces mots : la *puissance productive*.

Par là nous entendrons, pour chaque industrie, la quantité de produits d'une qualité spécifiée que rend le travail moyen d'un homme dans un laps de temps déterminé, comme serait une journée ordinaire de travail. On pourrait tout aussi bien prendre une année. Ainsi, dans l'industrie du fer, si une forge composée de cent hommes, faisant les diverses opérations, en partant de la fonte brute jusqu'à la livraison des barres d'un échantillon fixe, produit dans l'année 10,000 tonnes de fer ou 10 millions de kilogrammes (1), la puissance productive de chaque homme sera de

(1) Je prends ce chiffre uniquement pour la commodité du discours.

100 tonnes par an, ou, en supposant trois cents jours de travail, de 333 kilogrammes par jour. Si, au lieu d'une forge, on considère un atelier de filature, la puissance productive de l'homme pour cette industrie se déterminera pareillement en divisant le nombre de kilogrammes de filés de coton d'un certain numéro, comme serait le n° 40, produits dans une année ou dans un jour moyen, par le nombre des personnes adultes (1) travaillant dans l'atelier. En ces termes, la notion de la puissance productive de l'individu, et par conséquent de celle de la société, acquiert non-seulement toute la clarté, mais aussi toute l'exactitude désirable.

La puissance productive de l'homme se développe, avons-nous dit, d'une manière continue dans l'enchaînement successif des âges de la civilisation.

La raison de l'homme est une de ses forces, incomparablement la première de toutes, l'origine et le gage de sa domination ici-bas, comme elle est la promesse de son immortalité dans une autre vie. C'est à elle qu'il doit tous ses genres de supériorité, et très particulièrement celle qu'il montre dans la carrière industrielle, c'est-à-dire sa puissance productive.

Débile comme il l'est dans son corps exigu, et d'ailleurs tourmenté par des besoins innombrables, l'homme serait le plus malheureux et le plus dénué des êtres, le plus impuissant des producteurs, s'il n'était parvenu à s'approprier des forces matérielles en dehors de celles que recèle sa personne; mais par la puissance de son esprit il arrache à la nature ses secrets les plus divers, il accomplit sur elle des conquêtes indéfinies, que cet esprit, par un nouvel effort, fait tourner à la production de ces objets innombrables dont le faisceau forme la richesse des individus et celle de la société. Par l'empire qu'à la faveur de son intelligence il est parvenu à exercer sur la nature, il s'est assuré pour son travail des auxiliaires multipliés. Ce furent d'abord les animaux qu'il ploya à la domesticité, le bœuf, le cheval, l'âne, dans quelques régions le chameau, dans d'autres le renne, dans d'autres encore le lama. Ce furent ensuite les agens naturels, c'est-à-dire les forces qui sont les unes manifestes et même tumultueuses à la surface de la planète, les autres latentes, dissimulées, ou pour ainsi dire endormies, mais auxquelles la pensée humaine a pu trouver et a trouvé en effet le moyen de donner l'essor. L'homme, par les ressources de sa pensée, a le don

(1) On compterait un certain nombre d'enfans comme une personne adulte. Pour donner au calcul une plus grande exactitude, on convertirait de même les journées de femmes en journées d'hommes d'après la différence de l'ouvrage fait par les travailleurs des deux sexes.

d'imprimer aux agens naturels une activité qui ne se lasse pas. On dirait ces géans des légendes qu'une puissance supérieure tenait enfermés dans des abîmes, et qu'un bon génie allait délivrer. Nous présenterons le dénombrement de ces forces tout à l'heure; on verra que c'est à peu près comme la revue d'une armée imposante par le nombre, plus imposante par la puissance.

Il y a lieu aussi à une observation au sujet de la force personnelle de l'homme, qui est si restreinte et si inhabile alors qu'il est désarmé et réduit à ses quatre membres en présence de la nature. Il ne lui était guère donné, quoi qu'il fît, d'accroître dans une proportion appréciable l'intensité même de cette force; mais si l'homme ne peut guère augmenter la quantité d'effort dont sont capables ses muscles, ses membres, ses organes, il lui a été accordé d'en multiplier l'efficacité, l'effet utile. Il a un moyen qui lui est propre, moyen varié jusqu'à l'infini dans ses applications, de métamorphoser cet effort en l'investissant de l'adresse la plus délicate et la plus raffinée, d'une sorte d'aptitude universelle. C'est par les outils qu'il a résolu ce difficile problème.

Tandis que, par les machines proprement dites, l'homme peut appliquer à son usage les forces animées ou inanimées éparses dans la nature, il peut, par les outils, donner telle direction et tel emploi qu'il lui plaît à ses propres forces. C'est ainsi qu'il réussit à faire de ses membres tout, absolument tout ce que font ensemble les autres animaux avec l'immense variété des organes que la nature a distribués entre eux, quelque profusion qu'elle y ait déployée.

Les outils sont pour l'homme des organes supplémentaires par lesquels il peut aborder une infinité d'opérations qui, au premier abord, semblent interdites à ses organes, tels que la nature les a composés. Ainsi l'homme tenterait en vain, avec ses dents ou ses ongles, de dépecer le bois aussi bien que le castor ou que le rat; mais quel animal pourrait couper un madrier aussi bien que l'homme, dès qu'il est armé de la scie? Quel est le bec d'oiseau qui pourrait fouiller le tronc d'un arbre aussi bien que l'homme, lorsqu'il est pourvu de la tarière ou du vilebrequin? Une opération bien simple, celle d'enfoncer un clou dans un mur ou dans une poutre, est impraticable à l'homme tant qu'il est absolument à l'état de nature, un animal réduit comme les autres animaux aux organes qui lui ont été départis; ce n'est plus qu'un jeu aussitôt qu'il a dans la main un marteau ou seulement un caillou : réunies, les dix bêtes les plus adroites et les plus robustes ne s'en acquitteraient pas aussi bien quand même elles y mettraient tous leurs organes. Qu'est-ce donc lorsqu'aux outils proprement dits l'homme ajoute le secours de certains réactifs ou de certains accessoires, le grès en poudre ou l'émeri quand il s'agit de polir une surface ou de creuser la pierre calcaire? Que sont dans ce dernier cas, en comparaison de l'homme, les mollusques entreprenans qui, par leurs sécrétions, ont rongé les pierres de telle digue sous-marine au point de la démolir?

Voilà donc le résultat du travail de l'esprit humain consacré à observer la nature pour y puiser des découvertes, et à rechercher l'application de celles-ci à la pratique des arts : il s'assimile ainsi des forces nouvelles, des moyens d'action aussi grands qu'ils sont divers. Il acquiert une puissance productive de plus en plus étendue. Il s'assure des légions de collaborateurs animes et plus encore d'inanimés. Il range sous sa loi, comme des serviteurs dociles, les chutes d'eau, le courant et la pente des fleuves, le choc des vents, la montée ou la descente de la marée, — puis la force élastique de la vapeur, non-seulement de la vapeur d'eau, mais aussi de celle d'autres liquides dont le nombre, fort restreint quant à présent, ne peut manquer d'aller en augmentant (1). Désormais même ce n'est plus seulement la force élastique des liquides qu'il utilise, c'est encore celle de quelques substances gazeuses. On peut citer, en attendant plus, d'abord celle de l'air, qu'on commence à employer soit à froid à l'état d'air comprimé, soit dans les machines à air chaud, et celle du gaz d'éclairage, qui a fait son début avec un certain succès à Paris comme force motrice. L'emploi de la vapeur d'eau sur une grande échelle n'est pas plus vieux que le siècle, dont nous n'avons franchi qu'un peu plus de la moitié; celui des autres forces élastiques ne date pas de vingt ans. Ces vingt années ont été consacrées à imaginer de premières dispositions vraiment pratiques, qui bientôt sans doute seront remplacées par de meilleures. En cette matière, nous sommes donc tout juste à l'entrée de la voie. A ces forces impulsives s'ajoute celle des substances explosibles, comme la poudre à canon et les fulminates, dont on est loin d'avoir tiré tout ce qu'ils contiennent. C'est ainsi encore que la force de l'électricité, celle du magnétisme terrestre et les rayons de la lumière sont récemment devenus des aides pour l'homme, et lui rendent des services merveilleux : qualifier de merveille le télégraphe électrique, est-ce donc une exagération? Et la photographie, et la puissance d'éclairage que déjà l'on commence à tirer des mêmes sources, n'ont-elles pas quelque chose de prodigieux?

Il y a trente ans, on répétait assez difficilement dans les laboratoires une expérience curieuse, imaginée par un célèbre physicien anglais, le docteur Leslie, dont l'objet était de démontrer que les liquides, en se vaporisant, absorbent une quantité considérable de

(1) On peut nommer dès aujourd'hui l'éther et le chloroforme.

calorique. L'expérience consistait à placer sous une cloche, dans le vide, deux coupes fort évasées : l'une assez grande, remplie d'acide sulfurique concentré; l'autre petite, contenant de l'eau. La vaporisation de l'eau dans le vide, activée par la présence de l'acide sulfurique concentré, qui en est très avide. refroidissait l'eau elle-même tellement qu'elle se recouvrait de glace. C'était une jolie experience de laboratoire, quand elle réussissait. L'idée du docteur Leslie. reprise et retournée par les savans, a subi différentes formes et a fini par arriver à l'application industrielle On a construit des appareils réfrigérans fondés sur la vaporisation de l'éther, et on a obtenu ainsi un assez beau succès. Ensuite on a essayé la dissolution du gaz ammoniac, et la réussite a été parfaite : on est parvenu ainsi à produire un froid intense à si bon marché, que désormais dans les maisons de campagne on pourra se dispenser d'établir des glacières. Chaque fois qu'on aura besoin de glace, on en fabriquera sur l'heure. On a cependant tiré de là de bien autres conséquences : une grande industrie a pu se fonder afin d'extraire des eaux de la mer, par la voie du refroidissement, divers sels qu'elles contiennent, indépendamment du sel marin. Ne peut-on même prévoir qu'un jour nos architectes, tournant davantage leur esprit vers l'application des sciences physiques à l'art de rendre les maisons commodes et saines, utiliseront le même appareil, convenablement modifié, pour rafraîchir les habitations pendant les ardeurs de l'été ou pendant les fêtes qui encombrent les salons au point d'y déterminer une température insupportable?

Ce n'est pas tout de découvrir des forces nouvelles, il n'est pas moins indispensable de trouver des moyens efficaces pour les faire beaucoup travailler. L'homme donc a successivement imaginé et établi une quantité indéfinie de machines, d'appareils et de dispositions par lesquels il a mis en jeu, sous des formes multiples, toutes ces forces naturelles, dont il varie par cela même les effets selon la diversité des besoins qu'il éprouve et des objets qu'il se propose. En même temps, par un bon agencement et une construction forte et intelligente, il a porté ces mécanismes à un degré de puissance dont l'esprit est confondu. Sur ce dernier point, je cite un seul exemple. On installe aujourd'hui sur les navires de guerre des machines dont la force nominale est de 1,400 chevaux; mais la puissance possible, celle qu'elles déploient quand la nécessité s'en fait sentir, allant jusqu'au quintuple, ce sont réellement des machines de 7,000 chevaux de vapeur. Comme le cheval de vapeur a le double de la puissance du cheval de chair et d'os (1), et que la ma-

(1) On estime que l'effort moyen d'un cheval élève 10 kilogrammes à 1 mètre de

chine travaille vingt-quatre heures par jour, — tandis que le cheval qu'emploie le roulier, ou que le cultivateur attelle à la charrue, ne peut aller communément au-delà de huit heures, — un cheval de vapeur rend les mêmes services que six de ces animaux que nous regardons cependant comme de si utiles et si commodes serviteurs. Voilà donc un appareil qui, à lui seul, représente quarante-deux mille chevaux à l'écurie! A l'exception de l'armée sans pareille à laquelle Napoléon Ier fit passer le Niémen dans l'été de 1812 pour la conduire à Moscou, je ne crois pas qu'il y ait eu dans les temps modernes une seule armée qui ait réuni effectivement un pareil nombre de chevaux.

En soumettant ainsi à sa volonté les forces de la nature, en les obligeant à se déployer à son profit après qu'il leur a imposé son joug, l'homme s'est formé pour l'exercice des arts un arsenal qui tous les jours se grossit de nouveaux engins, et dans lequel viennent se ranger, comme des esclaves nouvellement acquis, des forces nouvelles. Toutes ces forces, ainsi domptées et apprivoisées pour ainsi dire, le dispensent d'employer ou du moins d'excéder sa propre force musculaire. Il surveille les appareils plus qu'il ne les tient en mouvement par une impulsion émanée de sa personne, et, à mesure qu'il travaille moins de ses membres, il produit davantage. C'est ce qui semble un miracle, mais ce que je ne saurais appeler ainsi; car, au lieu d'une perturbation des lois de la nature, qui peut se refuser à y voir l'accomplissement des lois tracées, pour le bien de notre espèce, par la divine Providence? La force musculaire de l'homme est ainsi réservée pour des usages à l'égard desquels les machines n'ont pas été inventées encore, ou paraissent ne pouvoir l'être; mais alors interviennent des outils ingénieux ou des ustensiles commodes qui règlent l'emploi de cette force, de manière à soulager l'homme et à accomplir avec le moindre effort le plus grand résultat.

III. — COMMENT LE CAPITAL CONTRIBUE AU PROGRÈS DE LA PUISSANCE PRODUCTIVE.

Pour l'avancement de l'industrie, il ne suffit pas que l'homme soit intelligent, et que sa curiosité pénétrante ait découvert quelque chose de plus des lois de la nature. Il lui faut faire preuve d'autres qualités, d'un ordre différent et peut-être supérieur. Il lui faut de l'esprit de suite, une persévérance qui ne se rebute pas. Il lui faut

hauteur par seconde. Ce qu'on appelle cheval de vapeur se définit par l'élévation à 1 mètre par seconde d'un poids de 75 kilogrammes; c'est donc à peu près le double.

autre chose encore, les facultés de l'âme qui prévoient, facultés si rares aux époques primitives, qui le portent à se priver dans le présent, afin d'avoir un meilleur avenir. Il faut, en un mot, que certaines forces morales soient associées en lui à la force de l'intelligence. C'est par là seulement qu'il a pu faire passer ses découvertes dans la réalité, c'est par là seulement qu'il s'est procuré les moyens matériels d'opérer cette sorte d'incarnation. Pendant qu'à l'aide de la science incessamment étayée de l'expérience l'homme découvrait comment il était possible de faire travailler pour lui les animaux, les forces mécaniques, chimiques et physiques, éparses dans la nature, et de donner un meilleur emploi à sa force propre, il a trouvé, dans son empire sur lui-même et dans sa prévoyance, l'art de réserver le capital, qui est indispensable pour la mise en pratique des inventions de son esprit, le capital, qui est la substance matérielle de la plupart des améliorations sociales et le nerf de l'industrie. C'est ainsi que la puissance productive de l'homme doit être représentée comme la résultante de sa puissance intellectuelle et de sa puissance morale.

Ce rôle des capitaux dans le développement de la puissance productive est un des sujets les plus dignes d'être médités par tout le monde et de fixer l'attention des hommes d'état. Pour que l'industrie avance dans un état, il faut que la formation et la conservation des capitaux y soient encouragées par les mœurs et par les lois; il faut que les habitudes privées des citoyens et la politique de l'état ne les dévorent point par des dépenses improductives. De même que les premiers hommes, pour former leurs capitaux rudimentaires, ont dû imposer des privations à leur appétit désordonné ou à leur penchant à ne rien faire, de même de nos jours, afin de former ou de ménager le capital, qu'il importe tant non-seulement de conserver, mais de grossir, les classes peu aisées doivent régler leur existence et fuir le cabaret, les classes aisées et les riches prescrire des limites à leur amour du luxe et à leur ostentation, et les gouvernemens tempérer leur goût pour le faste et se garder des entraînemens de la ruineuse passion de la gloire militaire.

L'influence que l'agrandissement de la puissance productive de l'homme exerce sur la marche de la civilisation peut se démontrer par un seul exemple qui remonte aux plus anciens temps. La société humaine n'a pu exister que du jour où un certain nombre de découvertes, du genre de celles dont nous venons de parler, ont été au pouvoir de l'homme. Pour que les générations pussent se succéder en formant cet enchaînement régulier qui constitue une société viable et progressive, il était indispensable surtout que les hommes eussent leur subsistance assurée, car, il faut l'avouer, quelque pénible que soit cet aveu pour notre orgueil, c'est le premier de leurs besoins, celui qui peut le moins attendre. Cette condition n'a été remplie dans la civilisation occidentale qu'après qu'on a eu reconnu les qualités propres au blé, la résistance de la plante aux intempéries des saisons, l'uniformité relative de son rendement et la facilité de conservation qui distingue le grain une fois récolté; puis il a fallu, pour cultiver cette graminée précieuse, qu'on inventât la charrue attelée de la paire de bœufs, la charrue, une des plus utiles machines que possède le genre humain. On peut dire que la civilisation est née tenant un épi à la main et appuyée sur le manche de la charrue : une découverte d'histoire naturelle avec une découverte mécanique. Jusque-là, l'existence des hommes était à la merci de la famine, qui les menaçait sans cesse et souvent les décimait et les forçait à se disperser pour aller chercher ailleurs des conditions meilleures, qu'ils ne trouvaient pas. La société n'était pas définitivement fondée.

IV. — RELATION QUI EXISTE ENTRE LA PUISSANCE PRODUCTIVE D'UNE SOCIÉTÉ ET SA CONSTITUTION POLITIQUE ET SOCIALE.

Il existe une relation des plus intimes entre le progrès de la puissance productive de l'homme et le mode de répartition des charges et des avantages de la société : ce qui revient à dire que le rapport le plus étroit subsiste entre la constitution politique et sociale d'un état et le degré auquel est parvenue cette puissance productive.

A une très petite puissance productive, comme celle que les monumens de l'histoire permettent de constater pour les premiers âges de la civilisation, correspond la dépendance à peu près absolue du grand nombre. Le commun des hommes est tenu à la tâche, à la chaîne; ses forces sont excédées, et une sorte de fatalité commande qu'il en soit ainsi, afin qu'il puisse y avoir une production suffisante pour les premiers besoins de la société et un peu d'éclat autour de l'existence des chefs. Dans la Grèce antique, le nombre des esclaves était grand en comparaison des hommes libres, et il en fut de même à Rome. L'esclavage est l'affligeant corrélatif d'une puissance productive très restreinte chez l'individu et dans la société; il perd toute raison d'être et tout prétexte lorsque la puissance productive est devenue grande ou seulement médiocre. Un grand développement de la puissance productive de l'homme permet, si même il ne l'ordonne pas, une organisation sociale et politique fondée sur les principes d'égalité et de liberté. Tout au moins on ne contestera pas qu'il la facilite, et que par rapport à une organisation semblable une grande puissance productive soit un fait parfaitement concordant.

Du moment que la puissance productive de l'homme a beaucoup grandi, et que cet agrandissement s'est manifesté dans le plus grand nombre des branches de l'industrie, une chose est claire : la production étant grande relativement au nombre des membres de la société, on a le moyen d'attribuer à chacun une part suffisante pour le soustraire au dénûment. Bien plus, chacun produisant davantage (c'est l'hypothèse même où je me place), et étant pour la société un membre plus utile, a droit à un lot plus fort dans l'ensemble des produits qui résultent du travail de ses semblables; ainsi le veut l'équitable loi de la réciprocité. Si la politique suivie par cette société est libérale, si en conséquence chacun a le moyen de revendiquer son droit légitime, si la pente des mœurs publiques et privées est prononcée dans le sens de l'égalité, un grand développement de la puissance productive déterminera forcément une répartition des produits qui soit favorable au grand nombre. L'accroissement de la puissance productive tourne alors au profit du bien-être de toutes les classes, y compris les plus humbles, celles qui, dans les temps antérieurs, ont pu être le plus comprimées, le plus foulées, le plus dénuées.

Lorsqu'un pays produit dix fois plus que par le passé d'articles usuels, tels que tous ceux qui sont propres au vêtement, à l'habitation ou à l'ameublement, il n'y a pas de débouché possible à cet accroissement de production, si ce n'est que chaque famille ait pour sa part, chaque année, une plus grande quantité de ces articles. Cette conclusion devient plus assurée si, comme on l'observe dans les différens états de l'Europe et dans tous les états du monde qui sont en progrès, la majeure partie de cette production agrandie se compose d'articles destinés, non pas à une minorité d'élite ou de privilégiés, mais bien au contraire au commun des hommes, à ce que les Anglais, dans leur langue commerciale, appellent le *million*.

Dans les sociétés modernes, où le grand nombre reçoit sa rémunération sous la forme d'un salaire en pièces de monnaie, l'agrandissement de la part qui revient à chacun, même aux plus humbles collaborateurs, se constate d'une double manière : premièrement par la diminution continue du prix des articles manufacturés, c'est-à-dire par l'augmentation de la quantité d'articles qu'on obtient avec une somme fixe d'argent, ce qui constitue un accroissement effectif des salaires, alors même que ceux-ci se composeraient de quantités fixes d'unités monétaires; secondement par la hausse numérique des salaires. Ce second fait est aussi frappant de nos jours que le premier, pour les ouvriers de la plupart des professions.

Quelque voile que l'ambition des princes ou l'égoïsme des classes privilégiées ait pu naguère essayer de jeter sur les idées religieuses qui soutiennent notre civilisation depuis dix-huit cents ans, de manière à en dissimuler le sens et à en affaiblir la portée par rapport aux institutions politiques et sociales, il est incontestable que, dans tous les pays chrétiens, le fond de la doctrine générale est, par son essence même, favorable à la liberté et à l'égalité. En cela, les philosophes du siècle dernier, qui ont si noblement et si énergiquement revendiqué ces deux principes, n'ont été que les disciples et les continuateurs du christianisme, dont on les a accusés d'être et dont ils se croyaient eux-mêmes les adversaires ou les ennemis passionnés. On est de même fondé à penser qu'il est de l'essence de cette même doctrine générale, dont tous les esprits sont imbus aujourd'hui, qu'elle provoque les intelligences à poursuivre l'extension des connaissances, d'où doit sortir le développement indéfini de la puissance productive et de la richesse. En fait, les peuples chrétiens ont, sous le double rapport de l'étendue des connaissances et de leur application à la production de la richesse, laissé bien en arrière toutes les civilisations fondées sur des religions différentes.

Dès lors il était immanquable que la civilisation chrétienne aboutît un jour à un ordre de choses tel que celui qui, sous des formes diverses, s'est manifesté et constitué successivement pendant les dernières périodes de l'histoire, en France, aux États-Unis, en Prusse, en Angleterre, et finalement partout en Europe. Il était écrit qu'à travers tous les incidens dont les passions des hommes, les travers de l'esprit humain et le hasard des événemens compliquent et embarrassent la marche de la civilisation, l'organisation politique et sociale des nations chrétiennes graviterait continuellement vers l'application des principes de liberté et d'égalité, application qui aujourd'hui enfin est devenue éclatante, et vers une situation économique où la puissance productive serait fort agrandie, et où cet agrandissement tournerait au profit du grand nombre, situation qui se dessine chaque jour plus profondément.

L'histoire moderne offre la preuve visible et tangible de cette proposition, qu'il existe une étroite solidarité entre le progrès de la puissance productive d'une part et la marche ascendante de la politique démocratique de l'autre, je veux dire de cette politique qui de plus en plus met le grand nombre en possession des conséquences des deux principes qui ont nom la liberté et l'égalité.

Il y aura bientôt un siècle que cette politique démocratique, brisant tout d'un coup sa coquille, a pris son essor en Europe, ou pour mieux dire dans deux des quatre parties du monde, car nulle part elle n'a brillé et n'a donné des résultats extraordinaires plus que dans la moitié septentriònale du nouveau continent. Il y a aussi un siècle environ que la puissance productive s'est mise à acquérir des développemens jusqu'alors inconnus, et que la richesse a marché d'une vitesse accélérée. Depuis un demi-siècle bientôt, la paix générale est rétablie, et n'a éprouvé que de courtes et rares interruptions. Pendant cette même période semi-séculaire, où la guerre, qui est la plus grande des forces perturbatrices, a été presque complétement tenue à l'écart, les deux grands faits que je viens de mentionner, l'un politique et social, l'autre économique, se sont révélés parallèlement avec une ampleur et un succès qui composent un des plus grands et des plus beaux spectacles de l'histoire. Il faudrait avoir le parti-pris de fermer les yeux à la lumière pour nier qu'ils se sont prêté un mutuel appui, et que chacun des deux est indispensable à l'autre. On dirait deux frères jumeaux, liés l'un à l'autre par la plus profonde sympathie, si bien que la vie de l'un ne puisse être menacée sans que l'autre ne soit en péril.

V. — DE LA MESURE DES ACCROISSEMENS QUE PEUT ÉPROUVER LA PUISSANCE PRODUCTIVE.

Il n'est pas aisé de dire exactement ce que la puissance productive a pu devenir, en comparaison de ce qu'elle était primitivement; mais on ne doit pas craindre d'affirmer que depuis l'origine des temps historiques elle a fait des progrès très grands. Il n'est même pas impossible d'en donner un aperçu par le moyen des renseignemens consignés dans les monumens de l'histoire.

Si l'on compare par exemple la puissance productive de l'homme dans l'industrie de la mouture, aujourd'hui, à ce qu'elle était à l'époque de la guerre de Troie, selon ce que rapporte Homère de la tenue de la maison d'Ulysse à Ithaque, on a lieu d'estimer que la progression a été de 1 à 150 environ, c'est-à-dire que par tête d'homme occupée à ce travail, la production de farine ou la quantité de blé moulue est aujourd'hui, dans un moulin bien monté, cent cinquante fois plus grande que dans l'atelier où de pauvres femmes esclaves s'exténuaient à écraser du blé, par la force de leurs bras, pour la reine d'Ithaque et pour les cinquante prétendans obstinés à demander sa main.

Lorsque le moulin à eau fut substitué au moulin à bras, ce fut un grand progrès. La substitution paraît s'être faite sur de grandes proportions quelque temps avant la chute de l'empire romain. A partir de ce moment, l'industrie de la mouture resta à peu près stationnaire et imparfaite encore; c'est seulement dans le courant des soixante dernières années qu'elle a été portée à la perfection qui la distingue actuellement. C'est de là que date la grande puissance productive avec laquelle l'homme y apparaît.

Dans l'industrie du fer, on peut admettre que, depuis six cents ans, la puissance productive est devenue trente fois plus grande. Dans la filature du coton, le changement a été plus marqué, quoiqu'il n'ait commencé qu'à l'époque d'Arkwright, qui prit son brevet en 1769, il n'y a pas encore un siècle révolu. Un homme appliqué à un métier fait trois cents ou quatre cents fois autant de fil qu'une bonne fileuse en produisait jadis en Europe, ou qu'elle en produit encore dans l'Inde. Cet exemple montre avec quelle rapidité la puissance productive s'accroît dans les temps modernes.

J'en citerai un exemple plus saillant encore : il s'agit d'une révolution accomplie dans l'intervalle d'une douzaine d'années au sein d'une industrie intéressante, celle de l'extraction de l'or. Le fait a été révélé par M. Laur, ingénieur des mines, que les ministres du commerce et des finances avaient envoyé en Californie, il y a deux ans, pour y étudier les gisemens et l'exploitation des deux métaux précieux. Les premiers mineurs ont lavé les alluvions aurifères suivant la méthode accoutumée des orpailleurs de nos rivières, qui semble n'avoir pas varié depuis le commencement de l'histoire, car elle est telle qu'on la voit décrite sur les murailles des temples de l'antique Égypte; mais, les gisemens de la Californie s'étant appauvris, le génie industrieux des mineurs, gens autrement entreprenans que les orpailleurs de nos vallées, a été vivement aiguillonné. Ils ont si bien réussi dans leurs tentatives, qu'ils lavent avec d'énormes profits maintenant, selon l'exposé de M. Laur, des alluvions dont le rendement n'est que d'un quatre-millionième, 1 kilogramme d'or par 4 millions de kilogrammes d'alluvions. Comment ce résultat a-t-il été possible? Par la transformation des méthodes, qui a été très rapide. Avec le procédé actuel, le lavage se fait sans que le mineur remue ou touche les alluvions, qu'autrefois il lui fallait de ses mains arracher du sein de la terre et apporter aux appareils de lavage, qui d'ailleurs étaient grossiers. Pour laver 1 mètre cube, on dépensait à l'origine 75 francs, en portant à 20 francs la journée de travail. Ces frais sont descendus à moins de 3 centimes en adoptant la même base d'évaluation. C'est une progression de 1 à 2,500 (1).

Presque journellement on assiste maintenant à des changemens qui offrent plus ou moins le même caractère pour telle ou telle in-

(1) *Rapport sur la Production des Métaux précieux en Californie*, par M. Laur, p. 33.

dustrie, tant on a acquis d'habileté aujourd'hui dans l'art d'appliquer les découvertes de la science à l'avancement des arts. La dentelle jusqu'ici s'est faite à la main. L'exposition offre une machine à fabriquer la dentelle, machine fort curieuse, qui n'est peut-être pas tout à fait sortie de la période d'expérimentation, mais qui semble toucher au but. Elle fait grand honneur à M. Désiré Sival. Pour les articles très communs, les seuls qu'on y ait essayés encore, elle permettrait à une ouvrière de faire l'ouvrage de cent, dit-on, et de le faire pour le moins aussi bien.

Il ne se passe pour ainsi dire pas de jour où l'une ou l'autre des nombreuses industries entre lesquelles se partage l'activité matérielle des grands états ne reçoive dans quelques-uns de ses détails un perfectionnement dont l'effet est de permettre à une personne de faire ce qui auparavant nécessitait cinq, dix, vingt ouvriers et davantage. Ce sont autant d'accroissemens de la puissance productive. Toute personne versée dans la connaissance des procédés de l'industrie n'aurait que l'embarras du choix pour citer des exemples.

L'augmentation de la puissance productive se manifeste souvent par une grande économie de temps plus que par une diminution de la dépense en main-d'œuvre. Le raffinage du sucre en est un des plus frappans exemples. Par l'emploi de nouveaux procédés chimiques et surtout de nouveaux mécanismes, dont le plus remarquable est un appareil à force centrifuge appelé la *turbine* (1), la durée du raffinage a été réduite de telle sorte qu'aujourd'hui il n'y faut guère plus de jours qu'il n'y fallait de mois il y a cinquante ans.

La turbine des raffineries est une machine récente; un progrès encore plus nouveau est celui qui a transformé l'étamage des glaces, non-seulement pour la forte adhérence de la couche métallique sur le verre, mais, ce qui est bien plus intéressant, pour la salubrité même de cette industrie, jusqu'ici fort dangereuse pour l'ouvrier. L'innovation a consisté à remplacer par l'argent le mercure allié à l'étain. Pour une glace d'un grand volume, l'ancien procédé, l'étamage, réclamait de cinq à six semaines, afin que le métal fût, autant que possible, fixé contre le verre. Aujourd'hui quarante minutes suffisent pour mettre sur la glace une double couche d'argent, qui y adhère bien mieux que l'amalgame d'étain, et qu'il suffit de recouvrir d'une couche de peinture à l'huile pour qu'elle soit inaltérable.

(1) Le sucre cristallisé menu, mêlé au sirop, se place dans la turbine qui tourne avec une vitesse de 1,400 tours par minute. Les matières liquides sont expulsées par la force centrifuge, et le sucre reste; il n'y a plus qu'à le dessécher dans une étuve. Cet appareil, qui a fait une révolution dans l'art du raffineur, est dû à MM. Rohfs et Seyrig.

La traduction claire de tous ces progrès de la puissance productive, c'est le bon marché des produits.

VI. — DES PROGRÈS DE LA PUISSANCE PRODUCTIVE QUI SE SONT ACCOMPLIS DEPUIS LA DERNIÈRE EXPOSITION.

La période qui sépare une exposition universelle de la suivante n'est pas assez longue pour qu'il y ait nécessairement lieu de signaler, dans cet intervalle, des faits bien saisissans qui soient la révélation d'un accroissement considérable de la puissance productive et qui en fournissent la mesure. Entre l'exposition de 1862 et celle même de 1851, on n'aperçoit pas, au premier coup d'œil, de ces grandes nouveautés industrielles qui mettent aux mains de l'homme un large supplément de pouvoir créateur, telle que fut, à la fin du siècle dernier ou au commencement de celui-ci, la machine à vapeur de Watt, la première qui ait été vraiment perfectionnée, ou comme fut en 1830 l'application de la vapeur à l'art de transporter les hommes et les choses par l'invention de la locomotive de Stephenson, car c'est la locomotive qui fait la vertu du chemin de fer. L'industrie humaine cependant n'a point été stationnaire, à beaucoup près, depuis 1851 ni depuis 1855. Dans la plupart des branches, elle fait mieux pour la même dépense de force vive, ou, ce qui revient au même, elle fait aussi bien pour une dépense moindre. En un mot, l'homme a acquis un nouveau degré de puissance productive qui est apparu sur toute la ligne, et même des nouveautés, considérables par leurs conséquences prochaines ou déjà acquises, ont fait leur apparition. Sous quelles formes ce progrès s'est-il montré particulièrement? sur quels points est-il vraiment ostensible? Il convient ici d'entrer dans quelques détails.

Perfectionnement de la machine à vapeur. — L'agent le plus éclatant de la puissance productive de l'homme dans l'industrie, la machine à vapeur, s'est perfectionné, depuis un certain nombre d'années, de plusieurs manières. Parlons d'abord de la machine fixe, qui s'emploie aux usages les plus ordinaires et les plus fréquens.

On a trouvé le moyen de lui faire rendre le même effet utile avec une moindre consommation de combustible. On a introduit et porté à une haute perfection l'emploi de la détente variable de la vapeur dans le cylindre, ce qui contribue pour une grosse part à cette économie, et en outre donne pour ainsi dire de la souplesse aux mouvemens de tout l'appareil. On a rendu la machine moins volumineuse, plus facile à loger dans un petit espace, au lieu des sortes de balles qu'il y fallait jadis. La machine de Watt, qui eut un si grand succès et qui dans son temps le méritait si bien, avait son cylindre debout et se présentait avec un grand balancier; elle était soutenue sur des colonnes de fonte qui lui donnaient un aspect imposant; mais cette majesté coûtait cher. On fait aujourd'hui un grand nombre de machines à cylindre couché ou horizontal, et l'ensemble du mécanisme est ramassé sur un petit massif de maçonnerie. La machine de MM. Farcot, de Saint-Ouen, près Paris, semble être le meilleur modèle construit sur cette donnée. On a mieux entendu la construction des différens organes, et par exemple du piston, qui est un élément essentiel de la machine. Les chaudières sont meilleures, mieux disposées, et se dérangent moins. L'injecteur Giffard est une amélioration de détail qui est fort appréciée. En se perfectionnant ainsi, la machine à vapeur a baissé de prix dans une forte proportion. Il y a quarante ans, à Paris, une machine de 50 chevaux, système de Watt, aurait coûté, toute posée, avec ses fourneaux et sa cheminée, un peu plus de 100,000 francs; aujourd'hui la machine de même force coûterait moins de 50,000 francs.

Un perfectionnement qui doit être cité ici a consisté à faire de la machine à vapeur un appareil non-seulement portatif, mais très mobile. Le point de départ de cette modification a été la machine dite locomobile, qui avait été imaginée pour les usages de l'agriculture : engin léger, assis sur des roues, qu'une paire de chevaux traîne aisément dans la plupart des cas. On la promène ainsi d'un lieu à l'autre, de ce champ-ci à celui-là. On fait la locomobile d'une puissance très bornée, de 2 à 5 chevaux communément, et le prix n'est que de quelques milliers de francs, de 2,000 à 6 ou 7,000. Après que le mérite de la locomobile eut été bien constaté par l'agriculture, les manufacturiers en réclamèrent le bénéfice pour eux-mêmes, et la locomobile pénétra dans les ateliers, où elle fut jugée d'une commodité extrême. On l'adapta d'abord à des travaux provisoires, et puis on l'a gardée à titre indéfini. Depuis l'exposition de 1855, la locomobile s'est beaucoup répandue. Elle dispense, et c'est un grand avantage, de la nécessité d'établir des chaudières et d'édifier ces cheminées plus hautes que les plus grands obélisques, puisqu'elle porte tout avec elle-même. Elle n'exige pas non plus les murs de séparation que réclament les chaudières des machines fixes. Par la locomobile, la vapeur se vulgarise et devient une sorte de serviteur familier que le petit industriel pourra employer chez lui, s'il a son atelier au rez-de-chaussée, ou sur voûte à un premier étage et même plus haut.

La machine à gaz, encore à ses débuts, va en ce genre plus loin que la machine locomobile à vapeur. On peut l'asseoir sur un plancher et la transporter ainsi à un cinquième étage. Elle a l'inconvénient d'être assez coûteuse, non de premier achat, mais pour son alimentation, à cause de la valeur du gaz qu'elle consomme. En revanche, elle travaille à point nommé, s'arrête quand on le veut, et reprend de même à volonté. Dès qu'elle est arrêtée, la consommation du gaz cesse. C'est le moteur de la toute petite industrie, de l'ouvrier en chambre qui travaille avec sa femme et ses enfans, ou bien avec un apprenti ou deux.

La machine à vapeur destinée à la navigation a accompli, dans ces dernières années, de plus grands progrès encore que la machine fixe employée dans les usines. On en a porté la puissance au plus haut point, sans en accroître en proportion le poids et surtout le volume. C'est que les constructeurs ont imaginé des combinaisons nouvelles, c'est surtout que la méthode de construction a été transformée par l'introduction d'instrumens d'une précision extrême et d'une force illimitée dont il sera question dans un instant, les machines-outils.

Dans ces derniers temps, l'emploi de la vapeur dans la navigation marchande s'est fort étendu. On fait des bâtimens mixtes, c'est-à-dire se servant concurremment de la voile et de la vapeur. En Angleterre, beaucoup de navires charbonniers, qui ne portent cependant qu'un chargement de peu de valeur, sont construits dans ce système. La marine marchande de l'Angleterre compte aujourd'hui 2,000 navires à vapeur, jaugeant ensemble 460,000 tonnes (1).

La machine locomotive, ou la machine à vapeur des chemins de fer, a de même éprouvé des améliorations de détail qui en rendent le service plus facile, plus exempt de dérangemens, et des perfectionnemens d'ensemble qui en ont grandement accru la puissance. A l'exposition de 1855, on fut émerveillé de la force de la machine imaginée par un habile ingénieur autrichien, M. Engerth. On admirait le fardeau qu'elle traînait sur de fortes pentes. A l'exposition de 1862, les résultats qui surprenaient en 1855 sont bien dépassés. On y voit une machine qui, doublée, c'est-à-dire placée à la fois à la tête et à la queue du convoi, pourra traîner des chargemens nets de 165 tonnes environ sur des rampes de 40 millimètres par mètre. C'est la pente extrême autorisée aujourd'hui par les ponts et chaussées pour les routes impériales. Dès lors les montagnes cessent d'arrêter les chemins de fer. Le moment est donc venu de dire qu'il n'y a plus de Pyrénées ni d'Alpes. C'est la compagnie française du chemin de fer du Nord qui expose cette machine, construite par M. Ernest Gouin.

(1) C'est-à-dire à peu près les deux tiers de l'effectif de la marine marchande de la France, tant à voiles qu'à vapeur, en ne comptant que les bâtimens au-dessus de 100 tonneaux.

Influence des chemins de fer. — Les chemins de fer se sont beaucoup plus généralisés depuis 1851 et même depuis 1855, et le mode d'exploitation s'en est perfectionné. Le chemin de fer est un appareil de locomotion extrêmement puissant, qui s'adapte également au service des voyageurs et à celui des marchandises, et qui est fort économique pour l'un et l'autre, car il épargne à la fois l'argent et le temps. Il permet aux chefs d'industrie de se déplacer plus facilement et d'aller étudier de leurs yeux l'état des marchés où ils achètent et de ceux où ils vendent, et, ce qui n'est pas moins important, les perfectionnemens accomplis par leurs émules. Par la célérité du transport des marchandises, dans les pays du moins où, comme en Angleterre, les compagnies ont jugé à propos d'organiser cette célérité ou y ont été contraintes par la pression de la concurrence, le chemin de fer rend plus aisées les opérations du commerce; par la même raison, il diminue, pour les manufacturiers, à un degré appréciable, la durée pendant laquelle auparavant le capital était engagé dans la fabrication, et dès lors, avec le même capital de roulement, ceux-ci peuvent suffire à une plus grande production. Avec le chemin de fer, il n'y a plus de limites à la facilité de s'approvisionner; par le chemin de fer, la concurrence est devenue plus active et plus générale entre les producteurs, et il a fallu que chacun redoublât d'efforts. On a donc recherché davantage les bonnes machines et les bons procédés. Le niveau moyen des ateliers dans chaque industrie s'est élevé : les traînards ont pressé le pas; ceux qui étaient avancés n'ont rien négligé pour conserver leurs avantages. L'ensemble des chefs d'industrie a produit ainsi mieux ou à plus bas prix. La puissance productive de la société a été ainsi visiblement accrue.

Machines hydrauliques. — La machine à vapeur prime aujourd'hui les machines hydrauliques; celles-ci cependant ne sont pas restées stationnaires. On fait de mieux en mieux les roues hydrauliques. Le bélier hydraulique a été l'objet d'un perfectionnement intéressant qui en augmentera l'efficacité et l'usage : il est dû à M. Bollée, mécanicien français; mais de toutes les machines où l'eau agit par son poids, son choc ou sa pression, celle qui se recommande le plus, à l'exposition, est la presse hydraulique, machine en effet très propre à obtenir de grands résultats. Les Anglais semblent avoir une prédilection pour cet appareil, et ils lui font rendre de puissans effets en lui donnant des proportions extraordinaires. Ils y appliquent alors une machine à vapeur qui fait manœuvrer la pompe destinée à fouler l'eau et à en développer la pression. Une des plus belles applications qui en aient été jamais faites est celle du Victoria dock, à Blackwall. L'appareil, assez fort pour retirer de l'eau un navire en quelques quarts d'heure, a pour instrument principal une presse hydraulique. Ce dock flottant dispense de ces constructions si dispendieuses qu'on appelle les formes de radoub, et il rend à moins de frais et bien plus rapidement de plus grands services. C'est plus économique, plus simple et plus efficace que les autres moyens de radoub désignés antérieurement par le nom de docks flottans. Avec ce système, un seul appareil élévatoire permet de radouber à la fois un grand nombre de navires. Cette invention, qui est un bienfait pour la navigation, est due à M. Edwin Clark.

On rencontre à l'exposition d'autres emplois ingénieux de la presse hydraulique. Un des plus curieux est celui qui a pour but la fabrication d'objets d'art moulés en *bois durci*, présentés par M. Latry. Il offre cette particularité que l'action énergique de la presse hydraulique s'y combine avec celle de la chaleur produite par des jets de gaz enflammé, pour donner une grande dureté a la poussière de bois dont on a rempli les moules.

Machines à air comprimé. — Peu d'appareils à air comprimé ont fait leur apparition à l'exposition. Il est difficile de prévoir ce que l'emploi de l'air comprimé pourra devenir. Jusqu'à ce jour, il avait provoqué peu d'espérances; mais pour des cas particuliers il offre des ressources que rien ne remplacerait. En ce moment, c'est sur l'emploi des machines à air comprimé qu'est fondée une des entreprises les plus hardies auxquelles ait donné naissance la construction des chemins de fer, celle de percer le Mont-Cenis sous le col de Fréjus, entre la vallée de l'Arc et celle de la Doire, sur une longueur de 13 kilomètres, sans qu'on ait la ressource de puits intermédiaires permettant d'aérer les travaux et d'attaquer le percement par un grand nombre de points à la fois. Une machine hydraulique comprime et refoule l'air, qu'on a besoin de jeter en abondance par des tuyaux, au fond de la galerie en percement, où l'atmosphère est viciée par les explosions de la poudre; mais l'air comprimé fait plus : il devient moteur à son tour. Il fait mouvoir les outils destinés à la perforation du roc. Il est à regretter que rien à l'exposition ne représente cette entreprise audacieuse. Les ingénieurs auxquels est due cette combinaison mécanique (1), MM. Sommeiller, Grattoni et Grandis, ont été arrêtés sans doute par cette raison que l'expérience n'avait pas encore prononcé. On y trouve la représentation multiple, sous la forme de modèles et de dessins, d'un autre usage de l'air comprimé : c'est celui qui a si admirablement réussi pour fonder les piles de pont dans des rivières dont le lit offre une épaisseur indéfinie de terrains meubles. Le pont sur le Rhin, à Kehl, est

(1) La conception première appartient à un ingénieur belge, M. Maus.

un remarquable exemple de cette difficulté surmontée; mais, hélas! l'ingénieur qui en a été le principal constructeur, M. Fleur Saint-Denis, a été enseveli dans son triomphe même; il a succombé à la fatigue. Les piles du nouveau pont de Bordeaux ont été fondées de même en faisant intervenir l'air comprimé. On a obtenu un grand succès et de plus une remarquable économie. L'idée appliquée ainsi est la même dont s'était servi, il y a un certain nombre d'années déjà, M. Triger pour pratiquer un puits de mine dans le lit de la Loire; mais l'application même en est perfectionnée. L'air comprimé agit, comme un refouloir, par la force de sa pression, et empêche l'eau de pénétrer, à peu près comme dans la cloche à plongeur. Le procédé de refoulement des liquides ambians par l'air est usité aujourd'hui dans différentes industries, dans les savonneries entre autres.

Les machines-outils. — La fabrication des machines doit un grand perfectionnement et en même temps un abaissement de prix à une industrie nouvelle, dont le principal promoteur a été M. Withworth, de Manchester, l'industrie des machines-outils. On peut se faire une idée de l'importance que cette industrie a acquise, de la variété, de la beauté de ses produits, par les objets qui remplissent une bonne partie de l'annexe occidentale (*western annex*) du palais de l'exposition. Les machines-outils servent à faire mécaniquement les opérations diverses par lesquelles ont à passer les pièces de métal, afin de devenir les organes divers des machines. Les unes rabotent une surface de fonte ou de fer forgé de manière à en faire un plan mathématiquement uni; les autres tournent un bloc de fer ou de fonte de manière à le rendre parfaitement rond et égal dans toutes ses parties, et de forme exactement cylindrique. Celui-ci perce la tôle, celui-là pratique une rainure dans le métal. Il y a cent sortes de machines-outils aujourd'hui.

On doit ranger dans cette catégorie le marteau-pilon qui sert à battre une masse de fer portée au rouge blanc pour en expulser les scories et lui donner la forme de barre. Cet instrument, dont l'inventeur fut M. Bourdon, alors directeur du Creusot, modèle un énorme gâteau de fer sortant du fourneau tout comme si c'était de la cire molle; il est tellement aisé à graduer et à modérer dans son action, qu'on peut lui demander de faire l'office d'un petit marteau à main, et presque d'un jouet d'enfant (1). Les machines-outils, mues d'ordinaire par une machine à vapeur (elles pourraient

(1) Pour amuser les curieux, on lui fait faire l'office d'un casse-noisettes. Les visiteurs de l'exposition font cercle pour voir ce puissant instrument employé à casser des amandes et des noix, ce qui est la preuve de l'aisance avec laquelle on le manie et de la souplesse qu'il a conquise.

l'être par une roue hydraulique), exécutent rapidement et avec une admirable précision des tâches qu'autrefois il fallait accomplir très péniblement, de main d'homme, avec des outils élémentaires, tels que la lime, le ciseau ou le marteau, qui ne donnaient jamais que des résultats incomplets ou imparfaits, quand on avait besoin de pièces de fort échantillon. La construction des machines a subi ainsi une révolution complète. On fait beaucoup mieux tout ce qu'on faisait auparavant, et on fabrique des objets auxquels il eût été impossible de songer. Les arbres de couche et les bielles qu'ont exposés M. John Penn et M. Maudslay, et qui font partie d'appareils à vapeur destinés à de grands navires de guerre, eussent été impossibles absolument, si l'on n'avait eu les machines-outils; il eût même fallu renoncer à les manier. Les personnes qui ont été admises à parcourir les vastes ateliers de M. John Penn, à Greenwich, peuvent dire sur quelles proportions ce grand chef d'industrie s'est monté en machines-outils. A l'exposition même, on admire, parmi les articles sortis de ses ateliers, un arbre de couche destiné à une des machines de navire à vapeur que cet habile manufacturier produit avec supériorité pour la marine britannique. Cet arbre a 9 mètres de long et 50 centimètres de diamètre; il était bien plus gros avant d'être dégrossi et fini. Il est coudé deux fois, ce qui a beaucoup augmenté les difficultés de la fabrication; il est tourné et poli dans la perfection. C'est une manière de bijouterie, mais de la bijouterie de Titan. La lime n'y a pas touché, ce sont les machines-outils qui ont tout fait. Un bel arbre de couche de M. Maudslay offre à peu près les mêmes dimensions que celui de M. Penn.

Les machines-outils de grande dimension et à grande puissance, telles qu'on les contemple étalées dans l'annexe occidentale, sont l'amplification d'appareils moins puissans, moins variés et moins difficiles à établir, qui avaient déjà pénétré dans l'industrie depuis quelque temps, et auxquels il serait impossible de donner un autre nom. Ces machines-outils d'un petit modèle sont adoptées maintenant dans tous les ateliers et y procurent une économie de temps et d'argent, non sans améliorer la qualité du travail. Chacun entretient ainsi et maintient en bon état la plupart des diverses parties de son outillage, sans avoir à les envoyer au constructeur-mécanicien à chaque dérangement.

On pourrait dire que le point de départ des machines-outils a été trouvé dans les appareils délicats et ingénieux, mais en comparaison si petits, dont on se servait depuis assez longtemps pour fabriquer, dresser, calibrer et diviser les pièces des instrumens astronomiques et géodésiques. A ces appareils on s'appliquait avec raison à donner la précision la plus grande, et c'est ainsi que pour les construire on avait été conduit à faire intervenir des mécanismes sûrs, mais dont les dimensions étaient en rapport avec les leurs. La même nécessité a donné naissance de nos jours aux machines-outils. Par ce moyen, les machines de nos ateliers sont construites avec le soin qui était réservé naguère à ce que la science la plus relevée employait de plus parfait. Pour les manufactures, c'est un perfectionnement bien utile : avec des machines ainsi faites, on produit mieux et davantage, et on éprouve bien moins de dérangemens.

Je n'ai nommé encore que les machines-outils destinées à travailler le fer, la fonte et l'acier. Les mêmes servent pour les autres métaux employés communément dans les arts : ce sont surtout le cuivre et le zinc, et deux alliages, le bronze et le laiton.

Une autre catégorie de machines-outils tout à fait distincte sert au travail du bois. Elle est richement représentée à l'exposition, et n'en est pas un des moindres attraits aux yeux de l'homme qui recherche les témoignages du progrès de l'industrie et les extensions que reçoit sa force productive.

Perfectionnement de la métallurgie. — Le fer, l'acier. — Les progrès accomplis par la métallurgie avaient contribué énergiquement à perfectionner les constructions mécaniques. Le progrès des machines a puissamment réagi à son tour sur la métallurgie. Telle est l'origine des améliorations qu'a éprouvées la métallurgie du fer particulièrement. On a pu beaucoup plus aisément se donner de fortes machines à vapeur pour mettre en mouvement dans les forges les trains de cylindres étireurs et lamineurs, et ces machines, en même temps qu'elles acquéraient de la force, étant devenues plus maniables et moins dépensières de combustible, les maîtres de forges n'ont pas manqué de profiter de ces facilités, et grandement. C'est ainsi que la tôle ou feuille de fer a pu s'obtenir à bas prix et en bonne qualité; les plaques ont été plus homogènes et plus égales d'épaisseur. On a été dès lors encouragé à s'en servir pour la construction des machines, des navires et des ponts. Le nombre des navires en fer s'est multiplié depuis 1855. La construction des ponts en tôle est devenue une grande industrie. M. Ernest Gouin construit à Paris des ponts en tôle qu'il envoie tout faits en Italie, en Espagne, en Hongrie, au fond de la Russie. Les pièces sont numérotées, et, peu après qu'elles sont parvenues à leur destination, le pont est posé.

Une innovation remarquable dans la métallurgie du fer est la fabrication des pièces destinées à cuirasser les navires. Ce sont de grandes plaques de 10 à 12 centimètres d'épaisseur. On les fabrique par le moyen de machines à vapeur d'une force de plusieurs centaines de chevaux. Ces beaux produits parfaitement soudés sont, sous leur aspect simple, des chefs-d'œuvre métallurgiques. La maison de l'Europe qui se distingue le plus dans cette fabrication, MM. Petin, Gaudet et Ce, de Rive-de-Gier, s'est abstenue d'exposer, et son absence a été fort regrettée, je pourrais dire blâmée.

Pour l'industrie de l'acier, le progrès est plus grand encore que pour celle du fer. On remarque à l'exposition deux aciers surtout, celui de M. Krupp, d'Essen (Prusse rhénane), et celui de M. Bessemer, métallurgiste anglais. M. Krupp fait des aciers fins. Il avait exposé en 1851 un joli petit canon d'acier, prélude de la colossale artillerie qui se déploie cette fois dans le palais de Kensington. En 1855, il exposa un lingot d'acier fondu de 5 tonnes 1/2 (la tonne est de 1,000 kilogrammes), et on cria au miracle. Cette fois il en présente un de 20 tonnes, à côté d'un arbre coudé plus surprenant encore, car il provient d'un lingot qui en pesait 25. Les produits de M. Krupp, quelque magnifiques qu'ils soient, excitent dans le public moins d'intérêt que ceux de M. Bessemer.

Le procédé de M. Bessemer ouvre des voies nouvelles à la fabrication de l'acier. Il épargne le combustible à un degré jusqu'ici inespéré; il est d'une grande simplicité, puisqu'il se réduit à faire passer un courant d'air dans la fonte liquide, qu'on peut prendre au sortir même du haut-fourneau où elle vient de se former, et il permet d'opérer à la fois sur 2,000 kilogrammes de matière, qui en un quart d'heure est passée à l'état d'acier. Le passage de l'air à travers la masse de fonte liquide, au lieu de la refroidir, l'échauffe par l'action chimique qui s'accomplit alors. C'est ainsi qu'on est dispensé de consommer le charbon que brûlent les autres procédés. A ces avantages déjà grands, le procédé Bessemer joint celui de convertir en acier des fontes beaucoup plus ordinaires que les fontes fines et spéciales réservées en Prusse à la fabrication de l'acier puddlé, ou que celles d'où l'on retire les fers exceptionnels qu'on cémente à Sheffield. On assure même que toute fonte qui n'est pas trop sulfureuse ou phosphoreuse peut-être utilement travaillée par le procédé Bessemer (1). Ce procédé résout donc le problème de faire de l'acier abondamment, de le

(1) Il résulte des expériences faites par un membre éminent du jury français, M. Frémy, dans l'aciérie de M. W. Jackson à Saint-Seurin, que par le procédé Bessemer, manié convenablement, en variant les sortes de fonte ou en associant, dans certaines proportions aisées à calculer, des fontes tout à fait ordinaires avec les fontes jusqu'ici réputées aciéreuses, on peut à volonté obtenir soit une sorte d'acier qui par la trempe acquiert une extrême dureté, soit de l'acier tendre qui durcit peu par la trempe, mais qui est extrêmement tenace et par cela même propre à d'autres usages, soit enfin les qualités intermédiaires.

faire à bas prix, et de le faire dans presque toutes les variétés qui répondent aux divers besoins de l'industrie. L'acier deviendra ainsi une substance commune. Il sera dès lors du plus grand emploi, car c'est un métal qui se recommande par des qualités dont aucun autre ne présente la réunion. Il combine celles de la fonte et celles du fer, et il est exempt de la plupart des inconvéniens de l'une et de l'autre.

Pour les chemins de fer, l'acier à bon marché promet une amélioration considérable : on pourra faire en acier les pièces de la voie qui fatiguent le plus, celles que détruit si rapidement le passage des trains et surtout des lourdes locomotives, auxquelles on a nécessairement recours avec la grande circulation des principales artères, puisque c'est le seul moyen d'avoir sur les rails la forte adhérence sans laquelle on ne pourrait traîner les pesans convois. Pour la construction des organes des machines qui aujourd'hui se font en fer, l'acier donnera une matière plus résistante sous un moindre poids, ce qui rendra les pièces plus maniables et les machines plus portatives. Pour les locomobiles, ce sera un perfectionnement très précieux. On pourra même avoir des rails en acier. On peut voir, dans le rapport de M. Perdonnet, que la compagnie du grand chemin de fer du Nord (*Great Northern*), en Angleterre, remplace les rails en fer par des rails en acier. On estime que la durée des rails en acier sera triple. Ce sera une grande commodité pour l'exploitation.

La fabrication de l'acier en masse et à bon marché est un des plus grands bienfaits dont l'industrie puisse être gratifiée, une addition considérable à sa puissance. Telle est la découverte qu'apporte M. Bessemer, et qui a causé de l'émotion parmi les juges de l'exposition. Pour la puissance du genre humain et pour son bien-être, c'est d'une autre portée que la découverte des mines d'or de la Californie ou de l'Australie. Sans doute ce procédé n'a pas encore dit son dernier mot; mais il ne peut beaucoup tarder à le faire connaître, et, ce qui prouve la confiance qu'il inspire, déjà plusieurs de nos grands ateliers métallurgiques montent chez eux l'appareil Bessemer.

Perfectionnemens qui se rattachent à la chimie et à la physique. — Depuis un certain nombre d'années, on a lieu de noter une baisse de prix pour plusieurs des produits chimiques que j'appellerai fondamentaux, parce qu'ils servent de base à un grand nombre d'opérations industrielles. Ainsi l'acide sulfurique, qui est dans les arts une véritable matière première, se fabrique beaucoup aujourd'hui en employant, au lieu de soufre, substance dont les gisemens sont fort clair-semés sur la surface de la terre, la pyrite de fer, corps que la nature a prodigué, et qui jusqu'à ce jour était à peu près sans emploi. Le carbonate et le sulfate de soude, que la teinture et d'autres arts chimiques consomment dans une multitude de cas, sont au moment d'éprouver une baisse de prix très sensible par l'application de la machine à faire la glace de M. Carré, que j'ai déjà mentionnée. Cette machine donne le moyen d'extraire facilement des eaux de la mer le sulfate de soude qui s'y trouve tout formé, et qui, dans l'état actuel de l'industrie, est la matière première du carbonate, dont l'emploi est plus étendu. Par le même procédé, on dérobe à la mer différens sels de potasse, le chlorhydrate notamment. Cette dernière production ne sera pas un petit service rendu à l'industrie en général. La potasse s'obtenait jusqu'à ce jour par le lavage des cendres de bois. Dans les pays primitifs où les forêts abondent et où le bois est sans valeur, s'il n'est un obstacle, on incendiait les forêts pour retirer des cendres la potasse. C'est ainsi que cette substance était principalement fournie au monde par les États-Unis et la Russie. Maintenant les forêts primitives commencent à manquer ou à ne plus se présenter que dans des régions inaccessibles. La potasse, matière nécessaire à tant d'opérations, menaçait de nous faire défaut. L'invention de M. Carré vient à point pour retirer à peu de frais la proportion de potasse que renferme l'onde amère. Cette proportion est toute petite; mais, comme le réservoir qui la contient est inépuisable, un approvisionnement suffisant de potasse est assuré au genre humain, quelque étendus que soient ses besoins. La machine de M. Carré est montée aujourd'hui sur les proportions qui conviennent dans la saline de Giraud (Bouches-du-Rhône), dirigée par M. Merle, et elle y donne des résultats satisfaisans.

La chimie, plus encore que la mécanique, produit des changemens qui tiennent de la magie. On peut jusqu'à un certain point lui appliquer le vers si connu de Regnard :

Dans ses heureuses mains le cuivre devient or.

Cette citation se présente à l'esprit dans le palais de Kensington, lorsqu'on est en présence des couleurs si brillantes et déjà si renommées que récemment on est parvenu à tirer du goudron produit par la distillation de la houille dans la fabrication du gaz. Comment a-t-on eu l'idée de rechercher des couleurs délicates et du plus vif éclat dans ce liquide noir et nauséabond, dont l'aspect seul, non moins que son origine, semblait exclure une pareille bonne fortune? Le hasard, qui, lorsqu'il est bien observé, devient du génie, est le premier auteur de cette découverte extraordinaire. Le fait est que de ce goudron l'on retire un jaune, un rouge, un bleu, un violet, un vert, tous de la plus grande beauté, que dis-je? plusieurs rouges, plusieurs bleus, plusieurs violets. Le jaune est l'acide picrique; mais la grande affaire, c'est l'aniline, base que divers traitemens chimiques transforment en violet, en rouge, en bleu et tout le reste. On emploie plusieurs de ces couleurs aujourd'hui sur la plus grande échelle.

Comme si ce n'était pas assez, les élémens qui sont si singulièrement cachés dans le goudron de houille fournissent un autre corps doué d'une propriété précieuse, celle d'empêcher la putréfaction des matières animales : c'est l'acide phénique. Une solution qui en renferme un centième seulement suffit pour garantir de la pourriture les produits animaux. On commence à l'employer pour faire traverser l'Océan à des substances de ce genre, sans qu'elles se corrompent dans la cale en rendant le navire inhabitable à l'équipage. Il y a là probablement un moyen de développer les échanges de l'un à l'autre hémisphère ou entre toutes régions séparées par de longs trajets.

Une autre découverte très honorable pour son auteur, et de laquelle on a lieu d'attendre de beaux résultats, est celle de l'aluminium, due à M. Henri Sainte-Claire Deville. L'aluminium par lui-même a des usages qui lui sont propres, et qui avec le temps se multiplieront vraisemblablement. On a dit justement que c'est un intermédiaire entre les métaux communs et l'or et l'argent; mais c'est par ses alliages principalement que ce métal nouveau semble appelé à rendre prochainement des services : en le combinant avec le cuivre, on obtient un bronze qui laisse bien en arrière celui que travaillait Lysippe, le même dont se servent encore les statuaires modernes, le même avec lequel se fabrique cet instrument terrible qu'on appelle la *dernière raison des rois*. Celui-ci est formé de cuivre et d'étain. Le grain du bronze d'aluminium est plus fin, la substance en est plus dure et plus résistante au frottement et au choc. On pourrait en faire pour l'armée des casques légers, pour l'industrie des coussinets (ou supports des arbres tournans) beaucoup plus durables que ceux qui s'emploient aujourd'hui, pour la science des instrumens de précision plus inaltérables que ceux de cuivre ou de laiton. On en ferait même, si le prix s'en abaissait, d'incomparables canons pour les champs de bataille : c'est ce qui résulte d'un essai qu'un de nos plus habiles manufacturiers, M. Ch. Christofle, a fait à ses frais. Cette baisse de prix aura-t-elle lieu? Sur ce point, voici ce que nous pouvons dire : le kilogramme d'aluminium, lorsque M. Henri Sainte-Claire Deville venait de l'obtenir, était fort cher; il valait 3,000 francs le kilogramme; le prix aujourd'hui peut être estimé à 80 francs. Ce serait moins, si l'on en avait à faire une grande quantité.

Parmi les progrès que l'industrie a dus à la chimie dans ces dernières années, il en est qui se rapportent à l'hygiène publique, ou qui soustraient les ouvriers à des dangers jusqu'alors inhérens à l'exercice de quelque branche d'industrie. Ainsi l'argenture des glaces substituée à l'étamage met les ouvriers à l'abri des accidens si nombreux qu'entraînait nécessairement après quelque temps le contact du mercure. C'est une idée d'un grand chimiste allemand, M. Liebig, mise en œuvre par un Français, M. Petit-Jean, et l'exploitation s'en fait, à Paris, chez M. Brossette. La découverte de M. Gaupillat, qui a rendu possible la fabrication des capsules fulminantes pour armes à feu, sans danger d'explosion, est un bonheur pour les personnes qui se livrent à cette industrie, car rien de plus violent et de plus épouvantable que la détonation des fulminates, dès qu'il y en a une certaine quantité. On en a eu la preuve sinistre dans l'attentat qui fit frémir le monde civilisé en janvier 1858. Le fond de ce perfectionnement est simple; il consiste surtout en ce qu'on est parvenu à travailler le fulminate humide.

Une autre découverte déjà un peu ancienne, car elle remonte à plus d'un demi-siècle, celle du blanc de zinc substitué à la céruse pour la peinture en bâtiment, figure à l'exposition sous une forme rajeunie. On sait que le contact de la céruse donne aux peintres la colique de plomb, empoisonnement caractérisé, et que rien de pareil ne se présente avec l'oxyde de zinc. On apprécie de plus en plus la peinture au blanc de zinc. L'usage s'en est un peu répandu dans ces dernières années, et les ouvriers, qui avaient fait mauvais accueil à l'innovation destinée à leur sauver la santé et la vie, commencent à la bénir. Récemment cette substance a reçu une application intéressante, où elle remplace de même la céruse : c'est pour la glaçure des cartes de visite : les cartes glacées à la céruse ont déterminé des cas d'empoisonnemens assez nombreux. C'est à la fois aux arts chimiques et à la mécanique qu'il convient de rapporter une amélioration du même genre, destinée à préserver le public des coliques de plomb qu'a causées, dans plus d'une circonstance, l'emploi de tuyaux de plomb pour les conduites d'eau. M. Ch. Sébille, de Nantes, réussit très bien à étamer, c'est-à-dire à recouvrir intérieurement d'une couche mince d'étain les tuyaux de plomb destinés à cet usage par un procédé ingénieux et économique.

Une autre découverte récente, et chimique incontestablement, est celle qui se montre à l'exposition, du tungstate de soude, lequel, mêlé à l'empois, empêche le linge d'être inflammable, et ainsi préviendrait, si les blanchisseuses en prenaient l'initiative, ou si la plus belle moitié du genre humain l'exigeait d'elles, les cruels accidens qui ont mis le deuil dans tant de familles depuis quelques années. Gay-Lussac, qui a fait tant de découvertes pratiques en même temps qu'il contribuait tant à l'avancement de la science pure, avait conseillé déjà le phosphate d'ammoniaque. Il s'agissait alors plutôt d'écarter les chances d'incendie dans les théâtres en rendant les décorations peu ou point inflammables; les toilettes d'alors se prêtaient moins que celles d'aujourd'hui à ces horribles brûlures. Le tungstate de soude est-il bien supérieur au phosphate d'ammoniaque? En tout cas, contre un pareil danger, mieux vaut avoir deux ingrédiens qu'un seul. Au surplus, on a même trois procédés; le troisième consiste dans le rideau en toile métallique que M. Delacour a imaginé d'adapter aux cheminées, et qui est en vogue à Paris; le mieux serait de combiner l'usage du rideau Delacour avec celui des jupons à l'épreuve de la flamme.

C'est également depuis peu d'années qu'on a découvert non pas l'existence, mais l'utilité d'une substance qui jusqu'alors restait intacte dans son flacon sur les rayons des laboratoires, attendant, comme bien d'autres, que l'homme en l'expérimentant eût trouvé le moyen de l'adapter au soin de son bien-être ou aux besoins de sa puissance productive. Je veux parler du sulfure de carbone. Il sert aujourd'hui à extraire la graisse de résidus jusque-là sans valeur. On lui a trouvé depuis peu un usage digne de fixer l'attention publique, celui de la conservation des grains. M. Doyère a imaginé un système de silos fondé sur le pouvoir qu'a le sulfure de carbone de tuer presque instantanément le charançon et les autres insectes acharnés après le blé. Ce sont des vases en tôle hermétiquement clos. Nos administrations publiques commencent à employer le silo de M. Doyère. Le sulfure de carbone peut aussi garantir des mites les matières premières et les tissus auxquels s'attachent ces insectes. Une circonstance curieuse relativement à cette substance, c'est le bas prix auquel on est parvenu à la produire du moment qu'on en a eu besoin dans de grandes proportions. Il n'y a pas longtemps qu'on payait le sulfure de carbone jusqu'à 200 francs le kilogramme; aujourd'hui c'est moins d'un franc. Un chimiste français, M. Deiss, qui a organisé cette fabrication dans plusieurs états de l'Europe, vend aujourd'hui, selon M. Balard, le sulfure non rectifié sur le pied de 48 centimes.

Les chimistes étudient également le moyen de produire à bon marché quelques-uns des sels à base d'ammoniaque, substance puissante pour féconder le sol, et particulièrement le carbonate. Ils touchent au but, si même ils ne l'ont atteint. Ils s'occupent aussi d'un autre problème dont la solution aurait une immense portée : celui de puiser dans l'atmosphère, qui en est un réservoir indéfini, l'azote, un des élémens les plus actifs des engrais. On a cru plusieurs fois tenir la solution; on l'avait en effet, mais à l'état théorique; les procédés ont été trop coûteux ou même trop incertains. Depuis la dernière exposition universelle, on a fait de nouveaux pas. C'est ce qu'a exposé avec détail M. Balard dans son rapport si complet.

Il est survenu dans les produits chimiques, à la suite des découvertes multipliées de la science, un abaissement énorme des prix. Ainsi l'acide sulfurique ne coûte guère que le dixième de ce qu'il se vendait à la fin du dernier siècle. Une multitude de sels et des substances telles que le phosphore, l'iode, et des médicamens d'un grand emploi, ont subi de même de très fortes baisses. La soude est un des articles qui ont le plus baissé; il y a eu ici une révolution dans la fabrication (1). J'ai cité plus haut la baisse du sulfure de carbone et de l'aluminium; je terminerai par le sodium. Il y a dix ans, on employait peu ce métal, il se vendait 1,000 francs le kilogramme; aujourd'hui il sert à fabriquer l'aluminium. Il a été beaucoup plus demandé; on s'est appliqué à le faire à bas prix : il est tombé à 8 francs.

Dans les arts qui dérivent de la science physique, l'exposition constate des perfectionnemens remarquables. Parmi ces arts, la télégraphie électrique, fille de la pile de Volta, est une des merveilles de la civilisation moderne. On a pu voir à l'exposition quels progrès elle avait accomplis; on le verrait tout aussi bien, sinon mieux, dans les ateliers de M. Froment, à Paris. Ce constructeur, si ingénieux, a chez lui un télégraphe qui imprime les dépêches lettre par lettre avec plus de rapidité qu'un imprimeur ne les composerait. On expérimente maintenant sur quelques-unes des lignes françaises un procédé qui transmettrait rapidement tout, absolument tout ce qui aurait été tracé sur une feuille de papier, un dessin comme de l'écriture, un portrait comme un nom. C'est un papier convenablement préparé qu'on livre à la machine à Lyon, et la machine retrace à Paris tout ce qui est figuré sur le feuillet. On retire des courans électriques d'autres services. On en fait pour l'intérieur des maisons un système de sonnerie. Régler les horloges et les faire marcher d'accord en quelque nombre et à quelque distance qu'elles soient, c'est un jeu pour le courant électrique. Pour donner à la division des instrumens de précision une exactitude bien supérieure à tout ce qui avait été fait jusqu'à ce jour, M. Froment emploie la même électricité. Jusqu'à présent, les courans électriques n'ont pas réussi à donner de grandes forces mécaniques : ils y arriveront sans doute

(1) Elle se retire aujourd'hui du sel marin par un procédé assez compliqué, qui coûte moins cependant que l'ancien, tout simple qu'il paraissait : il consistait à brûler lantes qui croissent spontanément au bord de la mer.

avec le temps. Que de chemin a été fait depuis le jour où le premier consul, comprenant, par une remarquable intuition, que la pile récemment imaginée par le physicien italien Volta conduirait à de grands résultats pratiques, proposa aux inventeurs un prix à cet effet! Le passé donc répond de l'avenir. Il y a déjà cependant quelques résultats mécaniques tirés de l'électricité. M. Achard a exposé un modèle de frein pour arrêter subitement un train de chemin de fer. Le métier Bonelli, mû par l'électricité, a marché régulièrement et a tissé la soie.

Les courans électriques ont été employés avec succès pour créer une lumière d'une intensité extrême; mais jusqu'ici on ne s'en était guère servi que pour des expériences de laboratoire. La question de l'éclairage par l'électricité vient de faire un grand pas. On sait par quels beaux travaux des savans, à la tête desquels il faut placer M. Ampère, ont démontré l'identité du magnétisme et de l'électricité. En faisant intervenir des aimans, c'est-à-dire en produisant le courant électrique au moyen d'aimans mis en mouvement par une force quelconque, on obtient une lumière non-seulement très vive et égale à elle-même, mais à fort bas prix. Elle n'a qu'un défaut, et il est grave pour la pratique ordinaire : c'est qu'on ne peut l'obtenir qu'en grande et indivisible quantité. Ce ne serait bon que pour un phare. Avec une petite dépense de combustible dans un moteur à vapeur, on a une lumière équivalant à plusieurs centaines de bougies, à plus d'un millier. M. Edmond Becquerel, qui a rendu compte de deux appareils de ce genre, l'un français, l'autre anglais, qui figurent à l'exposition, estime que cette lumière ne coûterait que le dixième du tarif de l'éclairage au gaz à Paris.

Le courant électrique appliqué au déplacement et au transport des métaux dans un moule a donné naissance à l'industrie de la galvanoplastie, qui est déjà ancienne. Elle a présenté cette année à l'exposition des produits d'un genre nouveau, ce sont des bronzes d'ornement pour les meubles. Ils viennent de la maison Christofle, de Paris; ce sont de fort beaux objets d'un bas prix qui surprend quand on songe à ce que coûtent les mêmes articles fondus et ciselés, qui cependant ont moins de fini. On a remarqué à l'exposition, dans l'hôtel de la commission impériale, à Londres, des meubles de M. Grohé ainsi enrichis. C'est d'un bel effet.

Meilleure division du travail. — Agrandissement des établissemens. — Dans ces dernières années, on s'est mieux conformé au principe de la division du travail. Cette division s'est faite suivant deux systèmes différens, qui cependant sont loin de s'exclure l'un l'autre. Il y a eu la division du travail au sein de la même fabrique et la division du travail entre les fabriques, chacune se renfermant dans un nombre restreint de produits, ou ne faisant qu'une partie d'une œuvre totale.

La tendance qui porte les chefs d'industrie à se diviser le travail entre eux est assurément très prononcée aujourd'hui; cependant la tendance opposée se révèle quelquefois avec une grande énergie, et donne naissance à des fabriques où toutes les opérations sont réunies, et où l'on prend la matière première absolument brute pour ne la quitter que lorsque le produit est en état d'être livré au consommateur. Elle est favorisée par l'économie qu'on espère réaliser sur les frais généraux, et par l'espoir d'être mieux servi selon ses désirs en se servant soi-même. Elle est aidée par la perfection de la comptabilité commerciale, perfection telle qu'on peut sans effort analyser une fabrication même fort compliquée, et se rendre compte minutieusement de chacune des parties.

Dans les deux systèmes de division, c'est un fait remarquable qu'aujourd'hui les dimensions des manufactures se sont beaucoup amplifiées. On le remarque depuis assez longtemps pour les établissemens où l'on fabrique le fer et où l'on élabore les autres métaux, de même dans ceux qui ont pour objet la fabrication des tissus. Un ou deux exemples suffiront pour donner une idée des proportions qu'ont prises les manufactures. Dans l'industrie de la filature du coton, il est commun aujourd'hui de voir des établissemens de 25, 30, 40 et 50,000 broches. Le point de départ de cette industrie, c'est pourtant la fileuse à la main, qui produit moins qu'une broche. Dans l'industrie des toiles peintes ou imprimées, je pourrais nommer telle fabrique de Manchester ou de Glasgow d'où il sort annuellement une longueur d'étoffe suffisante pour embrasser la majeure partie de la circonférence du globe terrestre (40 millions de mètres). Les principales maisons de ces deux industrieuses cités sont, en effet, montées de manière à produire un million de pièces de 23 mètres chacune, soit 23 millions de mètres. La maison Black et Ce, de Glasgow, est même allée jusqu'à 28. En France, la maison Dollfus, Mieg et Ce, de Mulhouse, atteint 10 millions de mètres dont la valeur moyenne est supérieure; de plus, à la différence des maisons de Manchester et de Glasgow, qui se bornent à imprimer, cette grande maison file, tisse et imprime.

En fait d'établissemens dont toutes les parties d'une fabrication sont concentrées, mais dans l'intérieur desquelles la division du travail n'en est pas moins poussée aussi loin que l'esprit peut le concevoir, je citerai la fabrique de Saltaire, près de Bradford, importante ville du Yorkshire, qui, sa banlieue comprise, produit des tissus mélangés laine et coton pour 500 millions de francs, à ce qu'on assure. Saltaire est l'œuvre de M. Titus Salt, qui l'a érigée tout d'une pièce, il y a une dizaine d'années, avec les maisons où les ouvriers se logent et l'église où ils vont assister au service divin. Cette immense manufacture, dans l'enceinte de laquelle travaillent plus de trois mille personnes, est consacrée à la production de certains tissus de laine, d'alpaga et de poil de chèvre; elle est cependant adonnée surtout aux tissus de laine peignée qu'on appelle les *orléans*. Elle prend la laine, l'alpaga et le poil de chèvre tels qu'ils ont été coupés sur le dos de la bête, et on achève entièrement la fabrication des tissus. Tout y est sur des proportions colossales. Plusieurs des machines à vapeur sont de la force de 700 chevaux.

La même loi qui a agrandi les fabriques avec une notable économie sur les frais généraux tend à faire disparaître de la plupart des industries les petits ateliers, ceux que souvent on appelle plus ou moins justement les ateliers de famille. C'est que l'industrie morcelée se refuse, dans la plupart des cas au moins, à l'emploi des machines, qui cependant sont indispensables soit pour la qualité régulière des produits, soit pour la fabrication à bon marché, qui est la nécessité et le devoir de la civilisation moderne.

Dans la société patriarcale, toute industrie est domestique : point ou très-peu de division du travail entre les familles; chaque tribu ou clan produit et confectionne tout ce qu'il lui faut. Dans la société grecque ou romaine, l'industrie reste encore principalement domestique; cependant une certaine division du travail y apparaît comme un des caractères mêmes du progrès social, et finit par acquérir quelque développement. Elle se révèle par le fait que les professions sont plus distinctes et se diversifient davantage. Cet état de choses s'accuse plus fortement au moyen âge et dans les siècles suivants avec les corporations d'arts et métiers; il y a des chefs d'industrie qui occupent beaucoup d'ouvriers, mais il n'y a pas encore de manufactures constituées sur la base d'une grande division entre les travailleurs et d'un outillage varié en proportion de la division du travail. La manufacture est une création de la civilisation moderne. Il n'y a guère qu'un siècle que le système manufacturier est apparu avec tous les caractères qui lui sont propres, et qu'il s'est mis à prendre chaque jour un plus grand essor.

A la fin du XVIIIe siècle et pendant le premier quart du XIXe, une multitude d'industries, aujourd'hui à l'état de manufactures, n'étaient organisées qu'en petit. Leur outillage était insignifiant; l'outil principal, c'était la main de l'homme. Le parfumeur, par exemple, avait un mortier dans lequel il écrasait sous un pilon les substances destinées à ses préparations, des filtres et des tamis. Le fabricant de boutons ne s'occupait que des boutons métalliques; pour ceux qui portent une empreinte, il avait un balancier. Les boutons en drap, velours ou soie se faisaient chez les tailleurs ou dans les ménages; à cet effet, on avait des moules intérieurs ronds en bois, qui s'obtenaient au tour. Hors de là, l'aiguille pour coudre, la paire de ciseaux pour découper l'étoffe à la main, étaient à peu près tout l'outillage. Ainsi avaient été jadis d'autres fabrications que depuis quelque temps on s'est accoutumé à considérer comme de la grande industrie. Dans l'antiquité et dans les états actuels de l'Europe, avant qu'on eût imaginé la fonte de fer comme produit intermédiaire, le maître de forges, ce puissant industriel avec qui nous avons vu après 1814 l'autorité royale obligée de compter sous les Bourbons des deux branches, était un artisan nomade qui construisait un petit fourneau là où le minerai se présentait à lui voisin du bois; il s'entendait avec un bûcheron qui lui faisait du charbon. Son outillage se composait de quelques marteaux et d'un soufflet que l'on remplaça plus tard par la machine simple, faite de quelques planches, que dans les Pyrénées on appelle une *trompe*. Le changement qui a substitué le grand appareil des forges modernes, si puissamment outillées, à l'humble atelier du forgeron de l'empire romain, et à l'établissement restreint et mal outillé du maître de forges d'il y a cinquante ans, ce changement, qui ressemble à une révolution, se poursuit présentement avec activité dans presque toutes les branches de l'industrie.

Le soulier, dans le genre commun, se fait aujourd'hui dans des manufactures qui en produisent chacune plusieurs milliers de paires chaque jour. Vous entrez dans la fabrique de M. Philippe Latour, à Liancourt, ou dans celle de M. Godillot, à Paris : on vous fait écrire votre nom sur un morceau de cuir, et puis une heure ou deux après, quand vous avez parcouru la fabrique, on vous apporte une paire de souliers faite avec le cuir qu'on vous avait présenté, et vous retrouvez votre nom, tel que vous l'aviez inscrit, sur l'empeigne ou la semelle. Le cuir a subi, sans en manquer une seule, toutes les opérations qu'il traverse chez le cordonnier en chambre ou en boutique, et même quelques-unes de plus; mais, dans la maison où vous êtes, chaque homme est assisté d'une machine. Une heure et demie a suffi pour accomplir ce qui par la vieille méthode, où tout s'exécute de main d'homme, aurait pris une semaine.

De même pour les boutons. On peut voir à Paris, près du bassin de la Bastille, dans la fabrique de MM. Weldon et Weil, de combien d'espèces de boutons le genre humain se sert depuis que les procédés mécaniques ont donné toute facilité pour diversifier les formes de l'article. Les boutons des uniformes militaires, presque tous en métal, forment une famille innombrable quand on embrasse tous les peuples civilisés, ainsi que le font ces habiles manufacturiers.

Les boutons à l'usage des dames sont bien autrement nombreux, parce qu'ici la mode exerce sans limites son capricieux empire. Il y a le bouton en métal, le bouton en velours, le bouton en soie, le bouton en nacre, en ébène, en ivoire, le bouton en carton vernissé; il y a le bouton où le métal est associé à la nacre ou à l'ébène, ou à l'ivoire, ou au *coroso*, ou au carton, et celui où le métal et une de ces diverses substances s'unissent à quelque étoffe. Le vêtement des hommes suppose un moindre nombre d'espèces de boutons, mais il faut là encore compter par centaines et par milliers. Un calcul approximatif permet de porter à six cent mille sortes environ les variétés de boutons qui sont sorties des ateliers de MM. Weldon et Weil depuis l'origine, c'est-à-dire depuis une cinquantaine d'années. La mode changeante a commandé cette variété prodigieuse, et les machines, dont le métier est d'obéir, l'ont exécutée successivement. Grâce au procédé mécanique, les boutons coûtent fort peu en comparaison des temps antérieurs. Le prix des boutons métalliques, blancs, très simples, qui servent à suspendre les bretelles par exemple, et qui constituent une sorte qu'on n'avait pas jadis, est de 30 centimes la grosse de douze douzaines, cinq boutons pour 1 centime; mais les boutons de soie ou de velours et les boutons d'uniforme et de livrée dorés sont plus chers. La fabrication journalière de la maison est de douze cent mille boutons.

J'ai dit plus haut que l'exposition permettrait à l'observateur qui le voudrait de faire de curieuses études de mœurs. Même sur le chapitre des boutons, qui semble y prêter moins qu'un autre, il y aurait d'intéressantes observations à faire en ce genre. Le pays de l'Europe qui a le plus de variété et de luxe dans ses boutons d'uniforme est l'Espagne incomparablement. Singulière manifestation de l'ostentation castillane! L'Espagne affecte l'apparence dans ses boutons comme l'emphase dans ses formes de langage; mais cette manie ne l'empêche pas de redevenir une grande nation, aux applaudissemens du monde civilisé et de la France en particulier. Je viens de dire que l'Espagne a les plus beaux boutons d'uniforme de l'Europe; mais hors de l'Europe il y a quelqu'un qui la dépasse. Quel est donc cet état qui a les plus splendides boutons d'uniforme, ou du moins les plus chers? Ce n'est pas même un état, c'est l'Égypte, à laquelle en 1840 un caprice des potentats de l'Europe ravit la plénitude de l'indépendance, de sorte que le pacha d'Égypte est le vassal du sultan et que l'Égypte est une province de l'état turc. Le pacha d'Égypte se console de diverses manières de l'abaissement infligé à son père Méhémet-Ali. Il est le plus riche des souverains, et pendant que son suzerain, réduit aux expédiens, émettait de la monnaie de papier au lieu de métal, il a fait, lui, en argent ce que les plus grands princes font non-seulement en cuivre, mais quelquefois en carton vernissé. Il a commandé vingt mille uniformes dont les boutons, même pour les simples soldats, sont d'argent massif et de grande dimension. Forme originale du luxe oriental! Saïd-Pacha, qui sait ses auteurs, s'est rappelé sans doute qu'Alexandre le Grand, le fondateur d'Alexandrie d'Égypte, avait son corps des Argyraspides, dont les boucliers étaient d'argent.

Mais revenons aux boutons à bon marché. J'ai cité ceux de 30 centimes la grosse. Il y a une sorte de boutons qui est à plus bas prix encore, et qui cependant est jolie : ce sont les boutons en porcelaine qu'on met à nos chemises par exemple, et dont M. Bapterosses, de Briare, est l'inventeur et le principal fabricant. On les vend aujourd'hui 1 franc 10 centimes la *masse*, c'est-à-dire la douzaine de grosses (ou mille sept cent vingt-huit boutons), soit moins de 10 centimes la grosse; c'est à peu près seize boutons pour 1 centime. Il y eut un moment où la concurrence en avait réduit le prix à 50 centimes la masse, ou trente-quatre boutons pour 1 centime.

En fait de fabrication où le système manufacturier a supplanté le petit atelier de l'artisan, je pourrais citer tout aussi bien les ustensiles de ménage en fer dit battu, tels que poêles et poêlons, casseroles, couverts en tôle, et tout ce qui y ressemble. Autrefois cela se faisait lentement, péniblement et mal, au marteau; maintenant on fabrique les mêmes produits, et beaucoup d'autres nouvellement imaginés, dans de grandes manufactures, avec le principe de la division du travail et à l'aide des machines. On *estampe* le fer et on l'*emboutit* avec un outillage qui varie selon la nature des articles. On a de meilleurs produits à bien meilleur marché. Un autre exemple est la fabrication du chocolat, que quelques maisons de Paris fabriquent avec supériorité et vendent à très bas prix dans les qualités communes; c'est au système manufacturier qu'on doit, ici encore, attribuer le bon marché. La confiserie, à Paris, s'est constituée récemment sur la base manufacturière. C'est un fait acquis et complet, et l'exportation des bonbons a pris aussitôt un grand développement. L'industrie de la confection des habits offre un autre cas bien caractérisé de l'invasion de la manufacture dans ce qui était le lot de la petite industrie, dépourvue de la ressource des machines et de la division du travail. Le consommateur y a gagné de payer moins cher son vêtement, parce que la puissance productive du travail humain a été fort accrue par le changement de la petite industrie en la grande.

Il est digne d'attention que la fabrication des soieries n'ait pas adopté encore à Lyon la transformation en manufactures; mais il est difficile qu'elle n'y arrive pas : la concurrence l'y forcera. Presque partout à l'étranger l'industrie des soieries a pris l'organisation manufacturière.

La tendance à substituer les forces mécaniques de la nature à l'effort musculaire de l'homme, ou de régler par des outils bien conçus et bien construits l'action incertaine de ses doigts, a donné naissance, dans les derniers temps, à une multitude d'appareils secondaires, ingénieux dans leurs dispositions, qui économisent beaucoup la main-d'œuvre en augmentant la quantité et la bonne confection des produits. C'est ainsi qu'un grand nombre de métiers mécaniques à tisser, qui font une prodigieuse quantité de travail, et d'un travail uniforme, se voient dans l'annexe occidentale et y excitent l'étonnement du public. De même beaucoup d'appareils spéciaux placés dans la même salle et entretenus à l'état de mouvement, font l'étonnement des promeneurs. Celui-ci raie des registres, celui-là fabrique des sacs de papier qu'il livre tout collés; un autre, et c'est une des plus jolies petites choses de l'exposition, plie le chocolat livre par livre, les deux plaques l'une sur l'autre, en se conformant bien aux biseaux que l'usage a consacrés pour les rebords de ces plaques, et lorsqu'une livre est ployée, il la transporte sur le tas en même temps qu'il en saisit une autre. Cette machine intelligente figure dans l'exposition de M. Devinck, de Paris. M. Devinck a le bon goût d'en attribuer tout le mérite à un contre-maître ancien dans sa maison, M. Armand Dauplcy.

Parmi ces machines, il en est quelques-unes qui semblent appelées à rendre quelque consistance à l'industrie domestique, tant ébranlée par le système manufacturier. La plus remarquable est la machine à coudre, qu'on a successivement perfectionnée de manière à travailler le cuir aussi bien que les tissus les plus fins, et à produire les diverses sortes de points. Par la modération de son prix (de 125 à 250 francs environ), la machine à coudre est à la portée d'un très grand nombre de ménages, et elle rendra de grands services dans les familles. Déjà aux États-Unis elle est acclimatée au coin du foyer domestique. La maison américaine Wheeler et Wilson, qui construit avec supériorité la machine à coudre, s'est outillée de manière à en faire cinquante mille par an. Il y en a de françaises, d'anglaises et d'américaines. Un des quartiers de l'exposition en est rempli, et comme elles fonctionnent, ce n'est pas celui où les curieux se pressent le moins. Le nombre des personnes qui s'informent avec une curiosité extrême des résultats obtenus est considérable. Ces résultats peuvent se formuler ainsi : dans les industries où l'on opère sur des matières dures à percer, comme la sellerie, la mécanique a son plus grand triomphe; une machine à coudre fait l'office de vingt-cinq hommes; dans la couture ordinaire, elle fait l'ouvrage de dix ouvrières, et de cinq avec le point de surjet. La machine à coudre a sa place marquée dans les manufactures de confection d'habillement, pour le moins autant que dans les familles. On l'y observe en pleine activité et en plein succès.

Les machines s'introduisent à plus forte raison dans des travaux qui réclament une grande force matérielle, et qui pourtant jusqu'à ces derniers temps s'exécutaient de main d'homme. Ainsi, pour tailler la pierre destinée à la façade des édifices, les Américains du nord ont des machines qui expédient une grande quantité de besogne. Depuis peu, l'on fabrique mécaniquement, à la carrière de Marcoussis, des pavés destinés à la ville de Paris.

VII. — DES MESURES LÉGISLATIVES ET ADMINISTRATIVES QUI POURRAIENT FAVORISER LE DÉVELOPPEMENT DE L'INDUSTRIE NATIONALE.

Les observations éparses dans les rapports des membres du jury, qui en cela se sont conformés aux instructions émanées de la commission impériale, ont pour objet d'appeler l'attention du public et de l'autorité sur les mesures diverses qu'ils ont jugées propres à accélérer le mouvement de l'industrie et à la mettre en position de soutenir avec avantage la concurrence étrangère ausi bien sur les marchés du dedans que sur ceux du dehors. Je vais essayer de les résumer en y joignant quelques réflexions.

Les améliorations principales par lesquelles il est possible de venir en aide à l'industrie, de lui faciliter sa marche ascendante, et d'agrandir la puissance productive de l'homme et de la société, sont celles qui se rapportent : 1° aux voies de communication; 2° aux institutions de crédit; 3° à l'éducation professionnelle. Ce ne sont néanmoins pas les seules.

Voies de communication. — Dans le système des communications, les chemins de fer ont maintenant pris le premier rang; ils ont reçu en France une vive impulsion du gouvernement impérial. Au 1er janvier 1848, la France n'avait encore à l'état d'exploitation que 1,821 kilomètres de voies ferrées; elle en a 10,500 aujourd'hui; une quantité presque égale est en construction, et les moyens d'exécution sont assurés. La construction du réseau français est très bien entendue; le nombre des voyageurs et la quantité des marchandises qui s'y transportent sont considérables et s'accroissent toujours. On ne doit pas dissimuler cependant que le mode d'exploitation des chemins de fer français, par rapport aux marchandises, laisse à désirer; à cet égard, une modification profonde est tout à fait urgente. Le service de la petite vitesse, auquel est confiée la grosse masse des articles, est la partie faible du service de nos chemins de fer. Cette vitesse est en effet démesurément petite. Pour ce qui concerne les matières premières d'un vil prix, telles que les matériaux de construction, les minerais, la houille, le plâtre, une excessive lenteur n'a que peu d'inconvéniens : ce qui importe en pareil cas, c'est le bon marché du transport; mais pour les matières premières qui ont du prix, telles que la laine et le coton, et pour des produits manufacturés, tels que les fils, les tissus, les matières tinctoriales, la quincaillerie, la longueur et la durée incertaine du voyage sont des causes de dérangement pour la fabrication et un obstacle aux opérations commerciales. En interprétant dans le sens de l'allongement des délais l'arrêté ministériel qui fixe la vitesse des expéditions, et en dépassant même de beaucoup quelquefois ce que cet arrêté autorise à titre facultatif seulement, les compagnies en sont venues à ce point qu'un conseil général a pu, l'an dernier, demander comme une grande amélioration que les chemins de fer eussent la vitesse du roulage.

Puisque nos manufacturiers se trouvent de plus en plus placés en état de concurrence avec ceux de l'Angleterre, non-seulement pour l'approvisionnement des marchés étrangers, mais même sur le marché national, il est indispensable que, dans toute l'étendue de ce qui est possible, on les place dans la situation d'égalité vis-à-vis des chefs d'industrie du royaume-uni. Or en Angleterre le service des marchandises est organisé sur lè pied d'une remarquable célérité. Le fabricant de Manchester livre le soir ses tissus de coton au chemin de fer, et dès le lendemain dans la matinée, vers dix heures ou onze heures, ses ballots sont remis à l'acheteur dans la Cité de Londres. En France, avec le règlement aujourd'hui en vigueur, c'est le septième jour que le chemin de fer délivrerait les colis. Je connais des cas où, pour traverser la France du nord au midi, les chemins de fer ont pris régulièrement un mois, et l'expéditeur avait dû s'accoutumer à ce régime.

Il est indispensable que les compagnies de chemins de fer établissent leur service de manière à affranchir l'industrie de ces énormes pertes de temps. Elles le peuvent si elles le veulent bien; le service de la poste aux lettres prouve qu'il est possible de délivrer régulièrement et promptement un très grand nombre d'objets. Quelques-unes des compagnies de chemins de fer ont eu une excuse dans le nombre excessif de trains qu'il aurait fallu avec des locomotives d'une puissance aussi limitée que celles qui composaient leur force motrice; mais, dans ces dernières années, les locomotives se sont beaucoup perfectionnées, leur puissance de traction est devenue bien plus grande. Avec les nouveaux engins, tant que les pentes n'excéderont pas 5 millimètres par mètre, on pourra charger un train de 600 tonnes (600,000 kilogrammes). A ce compte, un train de petite vitesse suffira là où il en fallait deux et même trois. Les frais par tonne de chargement n'étant pas plus élevés suivant le nouveau mode, et même étant moindres, il n'y aura pas de raison pour hausser les prix de transport en alléguant le surplus de vitesse. C'est ici le lieu de faire remarquer que les prix perçus en Angleterre entre Manchester et Londres, ou entre Glasgow et Londres, ne sont pas sensiblement au-dessus de ceux que réclament les compagnies françaises pour une vitesse infiniment moindre, si même ils ne sont inférieurs pour certaines catégories d'articles communs manufacturés.

Il conviendrait aussi de rendre plus facile au commerce le redressement des griefs qu'il peut avoir contre les compagnies de chemins de fer. Il ne faut pas que les frais et les embarras d'un procès soient tels que le commerce, alors qu'il se croit lésé, ait lieu de courber la tête et de se taire. Les particuliers peuvent quelque chose à cet effet en formant dans chaque ville importante un syndicat contentieux, tel que celui qui s'est établi à Reims. Il est indispensable en outre que le législateur et l'administration déterminent un mode d'introduire les instances judiciaires plus simple et plus prompt que ce qui existe aujourd'hui. Des personnes qui ont étudié la matière ont proposé à cet égard des moyens conformes à l'équité, qui sembleraient devoir être efficaces. Dans le cas où la marchandise qui donne lieu à la contestation aurait voyagé sur le réseau de plusieurs compagnies, on autoriserait le commerce à actionner à son choix la compagnie qui a fait la livraison ou celle qui a primitivement reçu le colis, sans avoir rien à démêler avec les autres. Il faudrait aussi rendre plus effective la pénalité en cas de retard.

Les compagnies de chemins de fer ont plus à gagner qu'à perdre aux réformes sollicitées ici. Leur premier intérêt est d'offrir au public un service qui le satisfasse, car, par ce moyen, leur clientèle doit aller toujours en augmentant. Les hommes éclairés qui sont à la tête de l'administration des compagnies ne peuvent tarder à le reconnaître : ils sont trop intelligens pour fermer plus longtemps les yeux à l'évidence.

La célérité du transport des personnes peut aussi exercer une heureuse influence sur les affaires. A ce point de vue, il y a lieu d'exiger des compagnies que sur les lignes les plus fréquentées il y ait des trains *express* marchant à la vitesse de ceux de l'Angleterre, soit d'environ 60 kilomètres par heure, temps d'arrêt compris.

Institutions de crédit. — Le crédit est la vie des manufactures et du commerce, et pour l'agriculture c'est un admirable soutien. Un peuple chez lequel les institutions de crédit sont peu développées subit par cela même un grand désavantage par rapport à ceux qui en sont mieux dotés. Dans cette voie, il a été beaucoup fait en France depuis 1848 : d'utiles et puissantes institutions de crédit ont été établies et fonctionnent sur une grande échelle; mais il reste à faire encore, si nous voulons que nos manufacturiers et nos commerçans soient dans une situation de parité avec leurs émules de l'autre côté du détroit. Les banques anglaises se sont multipliées en proportion des facilités que la législation leur a données. Il en serait de même des nôtres, si la législation s'y prêtait.

Il y a trente ans environ, la Banque d'Angleterre exerçait dans Londres un monopole que la loi lui garantissait. Le texte des actes du parlement était tel qu'autour d'elle, à Londres et dans la banlieue, il ne pouvait y avoir que des banques fort secondaires. La législation anglaise a été en cela radicalement changée. Aujourd'hui, dans Londres même, on compte plusieurs banques qui font une grande masse d'affaires et donnent aux opérations commerciales un puissant concours, non sans recueillir pour leurs actionnaires de très gros bénéfices. Leurs profits proviennent des capitaux que le public leur livre en dépôt, et dont elles servent cependant un certain intérêt, tandis que la Banque d'Angleterre n'en paie aucun pour les fonds qu'on lui confie. C'est avec ces capitaux qu'elles opèrent, et non avec le leur propre. La Banque de Londres et Westminster (*London et Westminster Bank*) est le plus remarquable exemple de ces puissans établissemens. Elle a habituellement une masse de dépôts qui monte à 360 millions de francs, et la partie du capital propre de la banque qui a été effectivement versée par les actionnaires n'est que de 25 millions (1). Elle distribue des dividendes de 22 pour 100. Les six principales banques de ce genre à Londres ont en dépôt un capital qui s'élève à 1 milliard 200 millions. Quel aliment pour l'industrie nationale! Qu'est-ce donc si l'on compte les autres banques semblables à Londres et dans le pays!

Ces créations nouvelles et multipliées n'ont pas empêché la Banque d'Angleterre de faire, elle aussi, de beaux bénéfices. Les dividendes qu'elle distribue n'ont pas décru, ils ont augmenté. Elle conserve, par rapport aux nouvelles banques, le privilége d'émettre des billets au porteur dits *billets de banque*. On sait qu'elle a, même par rapport à la Banque de France, l'avantage que le cours de ses billets soit forcé, tant qu'elle continue de les échanger elle-même

(1) Le capital souscrit, qui devrait être versé en entier en cas de besoin, est de 125 millions. Il n'en a été appelé que le cinquième. Il ne sert ainsi que de fonds de garantie.

contre des espèces, à la volonté du porteur. Il s'ensuit que les receveurs des deniers publics acceptent les billets de la Banque d'Angleterre en paiement de l'impôt. Il y a bien des localités chez nous où ils refusent les billets de la Banque de France; c'est un dommage pour la Banque et pour le public.

En France, lorsque le législateur a renouvelé le privilége de la Banque par la loi du 9 juin 1857, il s'est réservé la faculté de la requérir d'avoir une succursale par département, mais seulement après un délai de dix ans. La Banque n'a pas attendu ce terme pour procéder à l'accomplissement du programme : à l'heure qu'il est, le nombre des succursales est de cinquante. Une fois le programme réalisé tout entier, ce sera pour l'industrie une solide assistance. Il y a du reste tel département qui compte déjà plusieurs succursales, et qui en comporterait un plus grand nombre : le Nord et la Seine-Inférieure sont dans ce cas.

Le projet de loi sur les sociétés à responsabilité limitée, qui est émané du ministre du commerce, M. Rouher, et qui a été présenté au corps législatif à la fin de la session de 1862, mais non discuté encore, devra, entre autres effets salutaires, avoir celui de multiplier en France les institutions de crédit dans le genre des nouvelles banques anglaises, à la condition pourtant que le public se décide, ainsi qu'il l'a fait en Angleterre, à ne plus garder chacun chez soi des fonds de caisse frappés de stérilité, et à se servir de ces institutions de crédit comme de caissiers, dépositaires de tout le numéraire qu'on possède à peu près, sauf à leur renvoyer ses créanciers et ses fournisseurs après avoir remis à ceux-ci des mandats au porteur appelés *chèques*.

Il existe à Bruxelles, sous le titre de l'*Union du Crédit*, une institution de crédit démocratique, par laquelle un grand nombre de petits commerçans et de petits fabricans jusqu'alors privés du bénéfice du crédit, ou ne l'obtenant qu'à des conditions rigoureuses, ont pu en jouir sous des clauses modérées. Ils se sont rendus solidaires en constituant un fonds de garantie auquel chacun a dû contribuer d'avance pour une part déterminée et proportionnelle au total du crédit qu'il désire obtenir. La société fait directement l'escompte du papier de ses adhérens ou des effets qu'ils ont endossés. Le papier de commerce, une fois accepté par l'institution, est accueilli par beaucoup de banquiers. Voilà quatorze ans que cette institution fonctionne d'une manière satisfaisante. Lorsqu'un projet se présente avec la sanction d'une expérience aussi prolongée, il mérite qu'on lui fasse bon accueil. Cependant la tentative qui avait été faite pour fonder à Paris une institution calquée sur l'*Union du Crédit* de Bruxelles n'a pas obtenu jusqu'ici les encouragemens de l'administration. La demande d'autorisation a été repoussée; il faut croire que ce refus n'est pas définitif.

Instruction générale et spéciale. — La puissance productive de la société est subordonnée dans une forte mesure à l'aptitude et à l'intelligence personnelle des populations qui fournissent à l'industrie ses agens, ses ouvriers et ses ouvrières. Il m'est impossible de ne pas mentionner celles-ci, car le nombre des femmes qui sont occupées dans les manufactures est très grand. Dans la fabrication des tissus, il excède celui des hommes. De là ressort la nécessité de l'éducation générale et spéciale de toutes les classes de la société, notamment des classes peu aisées. Les machines, tout en dispensant de plus en plus l'homme de coopérer par sa force musculaire à la production, exigent son attention soutenue et lui imposent l'obligation de savoir quelque chose, car il lui faut bien connaître l'appareil qu'il emploie. En un mot, le mode suivant lequel l'industrie est constituée de nos jours est un appel incessant à l'intelligence des populations ouvrières : raison décisive pour que celle-ci soit cultivée, quand bien même l'humanité et la politique n'imposeraient pas à l'état et à la société le devoir de veiller à l'avancement intellectuel de toutes les classes. Ce n'est pas qu'il n'existe encore une certaine école au gré de laquelle ce soit un danger et un mal de répandre l'instruction. On ne l'avoue pas, mais on le pense, et on agit dans le sens de sa pensée. Cette doctrine déplorable a pesé longtemps sur notre système d'instruction primaire, même depuis la révolution de 89, et nous n'en sommes pas complétement dégagés encore. Il n'est donc pas superflu de poser la question au grand jour, afin qu'elle soit discutée et résolue, et que la solution, qui ne peut être que favorable à la propagation des connaissances, soit enfin mise en pratique.

L'expérience est une autorité devant laquelle sont tenus de s'incliner même les adversaires les plus obstinés de l'instruction populaire, car ils se donnent pour les hommes pratiques par excellence. Or l'expérience a prononcé un arrêt qui semble souverain : beaucoup de nations se sont décidées depuis un demi-siècle à instruire plus qu'auparavant les classes pauvres sans exception; elles ont même rendu obligatoire la fréquentation des écoles élémentaires, afin que les populations des campagnes et des villes cessassent de croupir dans l'ignorance, qu'elles sussent lire, écrire, compter et même dessiner, qu'elles y joignissent un certain ensemble de notions utiles dans les villages sur le jardinage et l'agriculture, dans les villes touchant les sciences mécaniques, physiques et chimiques. Ce système a porté les meilleurs fruits. C'est ainsi que la face de la Prusse a été changée et que les sables du Brandebourg se sont recouverts d'un peuple avancé et heureux; c'est ainsi que la Suisse, au milieu de ses âpres montagnes et de ses glaciers, est parvenue à faire jouir ses habitans d'un degré de bien-être qu'on trouverait difficilement chez d'autres peuples installés sur de riches terroirs. C'est ainsi que l'Autriche, dont l'industrie était tant arriérée il y a trente ou quarante ans, s'est élevée au point d'exciter l'admiration dans les galeries du palais de Kensington. C'est ainsi que dans l'Amérique du Nord a surgi un ordre de choses dans lequel les classes qui vivent du travail de leurs mains sont en plein dans le courant des idées et des sentimens du XIXe siècle, et ont une part appréciable des biens matériels que sait produire l'industrieuse civilisation du temps présent. Au lieu de voir un danger dans la propagation des connaissances, pénétrons-nous bien de la vérité que Tocqueville a exprimée en ces termes : « Les lumières sont les seules garanties que nous ayons contre les écarts de la multitude. »

Je regrette d'avoir à dire qu'à cet égard la France laisse aujourd'hui encore infiniment à désirer. Le programme d'enseignement de nos écoles primaires est excessivement restreint, et encore, tel qu'il est, il s'en faut bien que la presque totalité de la population y soit initiée. Une multitude d'enfans ne mettent pas le pied à l'école, et beaucoup de ceux qui s'y rendent n'en profitent guère, parce qu'ils ont peu d'assiduité et quelquefois parce que le personnel enseignant est médiocrement instruit ou peu zélé. Au surplus, si peu que donnent les instituteurs primaires, ils rendent à la société au-delà de ce qu'ils en reçoivent. Une pensée de parcimonie, qui n'était pas sans quelque mélange de dédain et d'hostilité pour l'instruction primaire, a fixé leur traitement si bas que dans ces conditions il est impossible d'attirer et de retenir un homme qui se sent quelque valeur. Le ministre de l'instruction publique a pu, par un prodige d'économie, sans que son budget eût été accru, augmenter dernièrement le traitement de ces fonctionnaires; mais à quel point l'a-t-on porte? A 700 francs pour la plupart des cas, c'est-à-dire à une somme inférieure à ce que gagne dans les villes un ouvrier médiocre, à peine égale à ce qu'est devenu le salaire du terrassier dans un quart ou un tiers des départemens depuis que la construction des chemins de fer a provoqué une grande demande de bras. L'instituteur communal, dans les communes rurales, est moins bien partagé que le terrassier sous d'autres rapports. Il a moins que lui la jouissance d'un bien que les hommes prisent très haut de nos jours, l'indépendance; il est dans un assujettissement absolu.

Ce n'est pas ici le lieu d'entrer dans le détail des changemens à apporter au programme et au régime des écoles primaires, ni d'exposer l'organisation et les méthodes d'enseignement qui conviendraient le mieux pour les écoles spéciales. La question a fait l'objet d'un rapport plein d'intérêt dû à deux membres du jury, MM. le général Morin et Tresca, directeur et sous-directeur du Conservatoire des Arts-et-Métiers. Je crois pourtant ne pouvoir me dispenser de nommer ici l'école appelée La Martinière, de Lyon, qui remplit si bien dans cette grande cité la mission dont je parle. Le succès de cette école rendra facile la tâche de l'autorité lorsqu'elle se proposera de doter les principaux foyers de l'industrie française d'un enseignement adapté aux besoins des populations ouvrières (1).

L'enseignement primaire, convenablement élargi, n'est pas la seule branche de l'instruction publique qui intéresse directement l'industrie; l'enseignement des beaux-arts lui importe beaucoup aussi. La nécessité de répandre l'enseignement des beaux-arts parmi les populations ouvrières est certainement indiquée par l'intérêt général de la civilisation française, car y a-t-il une véritable civilisation là où manque le sentiment du beau? Mais en se restreignant, comme il convient ici, à ce qui est d'utilité industrielle, il est indispensable que les ouvriers d'une partie au moins des manufactures soient initiés aux arts de la forme, du dessin et de la couleur par un enseignement approprié. C'est obligatoire en France, parce qu'une bonne partie de nos succès industriels tient à la supériorité du goût français. Il y a quatre cents ans, qu'étions-nous nous-mêmes en fait de goût dans la plupart des beaux-arts? Ce que Voltaire appelait des Welches. Les Italiens avaient la palme. La roue de la fortune a tourné, l'Italie ne compte plus dans les beaux-arts, la musique exceptée, si ce n'est par son passé, et le premier rang nous est échu, ou pour mieux dire nous l'avons conquis à la sueur de notre front. N'y a-t-il point dans ce revirement une leçon au sujet du sort qui nous serait réservé à nous-mêmes, si nous cessions de faire d'énergiques efforts?

Les juges les plus compétens remarquent, dans les applications de l'art à l'industrie chez nous, des symptômes de décadence : c'est ce qui a été très bien dit et fortement motivé par M. Mérimée dans son rapport sur les articles d'ameublement. Les observations de M. Badin dans son rapport sur les tapis sont dans le même sens. Or, tandis que nous sommes stationnaires, d'autres s'élèvent. Le mouvement ascendant se remarque surtout chez les Anglais. Tout le monde a été frappé du progrès qu'ils ont fait depuis la dernière exposition dans le dessin et la distribution des couleurs pour les

(1) L'école de La Martinière a été décrite tout récemment par un ancien officier du génie, M. Antonin Monmartin, de Lyon, qui a pris une part importante à la fondation de l'école, et qui n'a pas cessé d'en être un des administrateurs les plus dévoués et les plus éclairés.

étoffes, ainsi que dans la ciselure et la sculpture pour les meubles. Jusque-là, il faut le dire, ils étaient plutôt renommés pour leur mauvais goût; mais ils ont compris que c'était affaire d'éducation. Ils ont donc institué avec beaucoup d'intelligence, et avec cette persévérance qui leur est habituelle, l'enseignement des beaux-arts en vue de l'avancement de leur industrie. Tout le monde y a concouru: l'état par la branche d'administration publique qui porte le nom de *department of science and art*, les localités directement intéressées par des votes annuels de fonds, les associations et les particuliers par des souscriptions. On a puisé aussi largement dans le reliquat considérable qu'avait laissé l'exposition de 1851. Le principal résultat de ces efforts combinés est le Musée-École du Sud de Kensington (*South-Kensington Museum*), vaste établissement où un grand nombre de jeunes gens des deux sexes viennent se former, par le moyen de bons modèles, dans les arts du dessin, en même temps que des cours bien faits et des collections heureusement disposées les initient, quand ils le veulent, aux sciences appliquées. Cette école ou musée compte de nombreuses succursales dans les villes manufacturières. Je n'entrerai pas dans le détail de cette organisation, je me bornerai à dire qu'elle est très bien conçue, et qu'elle fonctionne admirablement sous l'intelligente direction de sir Henry Cole. M. Mérimée, qui a traité le sujet en maître, fait cette réflexion, que la qualité de l'enseignement des beaux-arts dans un grand état dépend principalement de l'institution qui est placée au faîte, et en conséquence il examine la grande École des Beaux-Arts de Paris, considérée par lui avec raison comme la source première des notions et des méthodes qui se répandent dans le pays au sujet des beaux-arts. Il en signale l'organisation comme laissant beaucoup à désirer, et je dois dire qu'en cela M. Mérimée n'est que l'écho de l'opinion générale. L'École des Beaux-Arts est une institution non pas seulement à modifier dans quelques détails, mais à réédifier de la base au sommet. Faisons des vœux pour que le ministre homme de goût, qui a cet établissement dans ses attributions, attache son nom à une réforme qui imprimerait aux beaux-arts une impulsion salutaire et lui mériterait la reconnaissance de l'industrie.

Encouragemens et développemens à donner à la liberté du travail. — Un des ressorts principaux, ou pour mieux dire le plus efficace élément de la puissance productive de l'homme, qui ne fait qu'un avec le progrès même de l'industrie, c'est la liberté du travail. Les publicistes qui depuis 1789 ont traité des libertés publiques n'ont pas insisté assez sur cette liberté, qui est éminemment féconde et qui touche aux intérêts de chaque jour de la masse de la population. Un des bienfaits de la révolution française a été de

rendre libre l'exercice des professions, en ce sens que chacun est maître de choisir celle qui lui plaît, sous un très petit nombre de réserves restrictives. Les règlemens de fabrication proprement dits, qui dataient de Colbert, ont de même été abrogés. Le libre exercice des professions présente pourtant encore des *desiderata*. Il y a un immense service à rendre à la liberté du travail : c'est de supprimer toutes les entraves résultant de règlemens excessifs qui enchaînent les facultés de l'homme industrieux. Lorsque, dans sa mémorable lettre du 5 janvier 1860, l'empereur signalait le système ultra-réglementaire qui s'est tant donné carrière en France comme un des abus dont il importait de délivrer l'industrie, il proclamait une vérité que les administrations diverses, centrales et locales, ne sauraient trop avoir présente à l'esprit, et que cependant elles ont du penchant à méconnaître.

Qu'une pratique condamnable se révèle et qu'elle fasse scandale : les administrations publiques presque toujours en prennent occasion pour décréter un règlement destiné à en prévenir le retour. Ce règlement prescrit tel ou tel mode d'agir et interdit tel ou tel autre, sans qu'il soit jamais possible d'assurer que l'interdiction prononcée aujourd'hui ne doive pas être dès demain un obstacle au progrès, ou, pour mieux dire, quoiqu'il y ait lieu de prévoir que prochainement elle sera cet obstacle. Le plus souvent ces règlemens introduisent l'immixtion de l'autorité, par voie d'autorisation, dans des actes qui devraient être laissés à la libre action des particuliers. La masse du public, il faut le reconnaître, ne trouve presque jamais que le règlement soit excessif. Elle le voudrait plus restrictif encore, et souvent c'est elle-même qui l'a provoqué. C'est ainsi que la liberté de l'industrie, proclamée dans sa plénitude dès le début de la révolution française, a depuis lors reçu de nombreuses atteintes.

Les Anglais ménagent beaucoup plus la liberté et sont beaucoup moins prompts à la sacrifier. Quand un fait même criant se produit, alors même qu'il aurait été accompli avec les caractères du crime, le premier mouvement des Anglais est, comme celui des Français, la réprobation, l'indignation même ; mais ce n'est pas en faisant une brèche à la liberté du travail qu'ils cherchent le remède : ils préfèrent l'attendre de la fermeté de la raison publique et de l'ascendant qu'exerce l'opinion. Ils supposent que dans l'industrie la surveillance du public, la vigilance du consommateur et le sentiment que doit avoir le producteur de son intérêt bien entendu mettront chacun et chaque chose à sa place et garantiront l'intérêt public de la lésion dont on a pu le croire menacé. Le maintien de la liberté des transactions leur paraît être la principale sauvegarde de l'intérêt général. Ils ont rarement dérogé à cette règle, et ils ont eu à s'en applaudir. Ce n'est pas à dire qu'à la faveur de la liberté des abus ne puissent apparaître; mais, sans méconnaître que les abus sont possibles, et même qu'ils peuvent être graves, ils estiment que dans l'ensemble, et pour la plupart des cas, ils seront moins préjudiciables à la société que ne le seraient des restrictions à la liberté.

A ce point de vue, nous aurions en France lieu de procéder à une revue générale de nos règlemens administratifs. Les revoir sera assurément une laborieuse entreprise; mais c'est commandé par l'intérêt public. Pas de liberté suffisante pour le travail, si cette révision n'a lieu, et si elle n'est faite pied à pied. Le ministre qui entreprendra le premier cette tâche dans son département aura acquis un titre du premier ordre à la reconnaissance publique. Il aura rendu à l'industrie un grand service; il aura préparé l'agrandissement de la puissance productive de l'individu et de la société, il aura favorisé le développement du bien-être de toutes les classes, il aura servi la cause des libertés pratiques.

Dans le nombre de nos règlemens, il en est qui sont à supprimer purement et simplement; beaucoup d'autres auraient à être simplifiés et ramenés à un petit nombre d'articles. Il y a trois ans seulement, n'avions-nous pas à Paris, pour la boucherie, la réglementation la plus insoutenable, la taxe de la viande? Et quel effort n'a-t-il pas fallu pour renverser ce système ridicule? Or nos règlemens présentent une multitude de dispositions conçues dans le même esprit.

Notre industrie métallurgique est à plusieurs égards réglementée outre mesure. Il faut la permission du gouvernement pour construire un haut-fourneau, un simple foyer d'affinage. A quoi bon? et qui peut y gagner, si ce n'est l'industrie du dessinateur, qui est chargée en conséquence de fournir des plans en double ou triple expédition pour être joints au dossier? Notre industrie minérale, je veux dire l'exploitation des mines, est sous le joug de règlemens que la loi des mines du 21 avril 1810, où toute la matière est embrassée, n'a point autorisés, et que même, raisonnablement interprétée, elle interdirait. L'industrie des appareils à vapeur subit, pour ce qui concerne les chaudières, des règlemens qui, dans la pensée des auteurs, avaient certainement pour objet d'empêcher l'usage d'appareils hors d'état de résister à la pression intérieure, afin de protéger la vie des hommes dans les ateliers; mais ces règlemens sont tellement combinés, ils prescrivent des épreuves telles qu'une chaudière, après qu'elle y a passé, est plus faible qu'auparavant. Ces mêmes règlemens portent, relativement à l'épaisseur des feuilles de métal employées aux chaudières, des prescriptions absolues qui tendent à rendre tout progrès impossible : elles s'opposent en effet à ce que les chaudières soient faites de la tôle de la meilleure qualité, ou d'acier en place de fer. Il ne serait pas difficile de multiplier de semblables exemples.

La liberté du travail compte aujourd'hui, parmi les classes les plus éclairées, beaucoup de partisans zélés qui étudient les restrictions apportées à l'exercice de cette liberté pour les signaler et les combattre. Ils en ont remarqué une dont l'industrie commerciale se plaint depuis quelque temps : c'est le monopole dont sont investis les courtiers. L'industrie du courtage, devenue libre après la révolution de 1789, fut englobée, au commencement du consulat, dans une mesure à laquelle le bon ordre des transactions était intéressé alors, et qui consistait à limiter le chiffre des personnes qui pourraient se livrer à quelques professions spécialement dénommées et en petit nombre. En retour du monopole dont ces personnes furent ainsi investies par l'état, on les astreignit à verser au trésor un cautionnement. Le désir de procurer à l'état la ressource des fonds de cautionnement ne fut pas étranger à la création du monopole. Le trésor était extrêmement pauvre alors, et il fallut tout l'esprit d'économie et toute la force de volonté du premier consul pour subvenir avec aussi peu à toutes les charges de l'état. Les quelques millions que fournirent les cautionnemens furent une bonne fortune, dont l'origine cependant était regrettable à titre de précédent. Ainsi était ressuscité, en partie par le même motif qui y avait fait recourir jadis, mais fort heureusement sur une petite échelle, le système des offices, dont il avait été tant usé et abusé sous Louis XIV. Après les désastres de 1815, les fauteurs de la contre-révolution crurent l'occasion favorable pour le rétablissement de la vénalité des offices, qui était pourtant un des traits les plus offensifs de l'ancien régime. En 1816, le ministre des finances eut la faiblesse de consentir à ce retour au passé pour les professions investies du monopole en 1801; on leur imposa, comme en 1801, un modeste sacrifice, une augmentation de cautionnement. Depuis 1816, le commerce s'est beaucoup développé en France. L'obligation de se servir d'intermédiaires déterminés et en très petit nombre, comme sont les courtiers, est devenue une gêne que ne justifie aucune raison d'intérêt public. Le privilége des courtiers n'a aucune utilité et n'offre que des inconvéniens, car le courtier n'est pas garant, comme on l'est dans tels autres offices. Les commerçans ayant été amenés par la force des choses à confier leurs opérations, dans divers cas, à d'autres intermédiaires que les courtiers, ceux-ci, prenant l'offensive avec une grande témérité, sur le ton de gens qui régneraient de droit divin, ont fait des procès aux représentans que le commerce avait cru devoir employer. La question est devenue irritante et appelle une solution. Il semble impossible qu'elle soit autre que la suppression du monopole des courtiers, qui est un anachronisme.

On peut considérer comme une émanation du système ultra-réglementaire la législation sur les brevets d'invention. Née d'un bon sentiment, car elle était destinée à protéger ce qu'on supposait être le droit de l'intelligence, cette législation est aujourd'hui dommageable pour l'industrie, et, dans la plupart des cas peu nombreux où les brevets ont donné un revenu important, les profits ont été pour les frelons de la ruche, et non pas pour les industrieuses abeilles : des intermédiaires substitués aux véritables inventeurs ont tout absorbé.

Les abus de la législation des brevets d'invention sont multipliés, et dans plus d'un cas révoltans. Ainsi elle peut entraver notre commerce d'exportation et priver l'industrie nationale de débouchés utiles. C'est ce qui arrivera presque nécessairement toutes les fois que le procédé ou l'appareil breveté aura de l'importance, et que le soi-disant inventeur se montrera exigeant, car le manufacturier étranger, établi dans un pays voisin où le brevet n'est pas reconnu, pourra sur les tiers-marchés livrer le produit dont il s'agit avec un rabais mesuré par la prime que le manufacturier français, son compétiteur, aura dû payer au breveté pour la jouissance du brevet. La législation sur les brevets d'invention provoque donc aujourd'hui des réclamations énergiques de la part des manufacturiers les plus considérables. Ce n'est plus seulement le dispositif de la loi qui est critiqué, c'est le principe même des brevets qui est contesté, et les raisons par lesquelles il l'est paraissent péremptoires.

VIII. — ENCOURAGEMENS A DONNER AU PRINCIPE D'ASSOCIATION.

Émettons le vœu que le principe d'association obtienne plus de latitude, que les individus soient plus libres de s'associer pour la production de la richesse, que l'association industrielle soit encouragée et obtienne le plus grand espace possible pour déployer ses ailes. Je ne m'arrêterai pas ici à faire l'éloge du principe d'association, ce serait tomber dans la banalité. L'histoire du genre humain tout entière en proclame la fécondité. Notre code de commerce, quand il fut promulgué, était en progrès sur la législation manufacturière et commerciale de tous les peuples. Un demi-siècle s'est écoulé depuis; pendant ce temps les autres ont marché, c'est tout au plus si nous avons été stationnaires. Il y a vingt ans qu'un esprit éminent, Rossi, en faisait la remarque, notre code de commerce est en arrière sur le sujet de l'association. Le moment est arrivé de combler cette lacune. Le projet de loi sur les sociétés à responsabilité limitée, que j'ai déjà mentionné, vient à propos pour la solution de ce problème. Je ne dis pas qu'il la contienne tout entière, mais il apporte du moins à l'œuvre un contingent de grand prix, et rien ne s'oppose à ce qu'on l'améliore. C'est pourquoi il est bien désirable qu'il reçoive sans retard la sanction législative.

L'association semble appelée à rendre aussi de grands services à l'agriculture. Ici deux tendances, qui semblent contradictoires, se manifestent également. D'une part, une certaine portion du sol se divise et se sous-divise; d'autre part, les machines, dont l'intervention est indispensable au succès des exploitations agricoles, ne s'accommodent pas de l'exploitation morcelée et provoquent la formation de grandes propriétés. L'association ne pourrait-elle donner le moyen de combiner la division de la propriété avec la grande exploitation fondée sur l'emploi des machines? L'agriculture comporte aussi plusieurs modes d'association restreinte. On pourrait s'associer pour posséder en commun certaines machines, à plus forte raison pour irriguer, ou dessécher, ou drainer de concert de grandes superficies. La *fruitière* du Jura est un mode d'association restreinte qui est très profitable à l'agriculture.

IX. — MESURES A PRENDRE DANS LE SENS DE LA LIBERTÉ DU COMMERCE.

Depuis la dernière exposition, un événement a éclaté qui doit exercer sur la production générale de la richesse dans le monde, et sur l'industrie de chaque peuple en particulier, une influence considérable. Il y a vingt-cinq ans, le principe de la liberté du commerce était encore relégué dans les livres, quoiqu'il eût compté parmi ses adhérens des hommes d'état justement renommés, Turgot en France, Pitt en Angleterre et le comte Mollien, ministre du trésor sous le premier empire. Il semblait jusqu'en 1837 que ce fût une sorte de thème destiné à exercer l'esprit des théoriciens, en leur fournissant l'occasion de dissertations subtiles. Tel était l'état des choses lorsque cette grande cause fut prise en main de l'autre côté du détroit par une pléiade d'hommes alors obscurs, qui résolurent de faire enfin passer le principe dans l'administration des états. Ils se constituèrent à Manchester sous le nom de *ligue pour la réforme des lois sur les céréales*, prenant ainsi occasion du plus manifeste des abus auxquels avait donné lieu en Angleterre l'application du principe opposé, qu'on appelait de la protection. Protection de qui? Apparemment ce n'était pas de l'intérêt public, qui était atteint visiblement par toutes ces restrictions au commerce et à la production; mais c'était le mot consacré, et devant ce mot, que soutenaient avec une ardeur agressive un certain nombre d'intérêts, les gouvernemens s'inclinaient. La campagne qu'avaient entreprise ces hommes généreux dura plusieurs années. Elle fut conduite avec le plus noble dévouement, l'activité la plus infatigable et un talent qui, chez eux, était à la hauteur de leur patriotisme. Ils répandirent ainsi leur conviction dans le pays, et au mois de février 1846 un grand ministre, qui a tiré de là le plus beau fleuron de sa renommée, sir Robert Peel, vint au parlement se déclarer converti au principe qu'avaient si bien fait valoir M. Cobden, M. Bright et leurs amis, et il l'arbora courageusement en face de son propre parti. La majorité du parlement lui donna raison, et depuis ce temps le principe de la liberté commerciale a été une des maximes fondamentales du gouvernement dans la Grande-Bretagne.

L'Europe continentale, étonnée de ce spectacle, restait cependant sous le joug du système protectioniste, tant étaient puissans les intérêts particuliers coalisés sous cette bannière, lorsqu'à la fin de 1859 l'empereur Napoléon III négocia avec le gouvernement britannique le traité de commerce qui fut signé le 23 janvier 1860. Le traité portait dans ses flancs la liberté commerciale. C'est ainsi qu'il fut interprété par le public et surtout par les protectionistes, qui comprirent aussitôt que le temps de leur domination était passé. Enfin le 16 avril dernier, dans une solennité agricole, au concours de Poissy, le ministre du commerce, M. Rouher, qui avait pris une si grande part au traité du 23 janvier 1860 et aux conventions postérieures destinées à en régler l'application, proclama au nom de l'empereur le principe même de la liberté du commerce comme la base de la politique commerciale de l'empire. Du moment que la France et l'Angleterre sont d'accord pour soutenir hautement le principe, on peut considérer comme infaillible que dans un bref délai ce sera une règle de la politique chez tous les peuples civilisés. Déjà les événemens parlent : la Prusse, dont le gouvernement, il faut le dire à son honneur, avait toujours eu un penchant prononcé pour la liberté commerciale, la Belgique, qui se souvient de la splendeur des anciennes communes de la Flandre et du pays wallon, l'Italie, qui a fourni à l'économie politique un si grand nombre de bons écrivains, et dont même une belle province, la Toscane, s'était approprié dès le siècle dernier ce principe salutaire, la Hollande, que son génie essentiellement commerçant faisait incliner déjà du même côté, tous ces états et d'autres se préparent, par le moyen de traités de commerce, à entrer dans la voie où les appelle l'exemple de l'Angleterre et de la France. Pour la Belgique en particulier, le fait est déjà consommé. La conséquence est facile à prévoir : le drapeau de la liberté du commerce va faire le tour du monde.

Maintenant que se sont dissipées les appréhensions dont étaient dominés nos chefs d'industrie avant le traité de commerce, maintenant qu'ils ont mesuré leurs forces avec celles de l'étranger, et qu'ils se sentent en position de lutter, on peut se demander combien de temps on restera à faire un pas plus décisif que le traité même.

C'est un contre-sens que de recommander à l'industrie d'améliorer ses procédés et de lui susciter des entraves quand elle veut se procurer au dehors les machines nécessaires pour cette amélioration. L'entrée en franchise de toutes les machines est commandée par la logique et le bon sens : c'est la condition même du progrès qu'on s'est proposé. Pour le législateur, c'est un devoir de procurer à l'industrie nationale les avantages dont jouit l'industrie étrangère, son émule désormais. Or, pour cela, il faut qu'elle puisse s'outiller au même prix, et par conséquent acquérir des machines partout où il lui plaît, sans qu'aucun droit vienne exagérer la dépense. Nous sommes encore fort loin de là. Il est des cas où le droit qui atteint les machines reste exorbitant (1). Les matières premières proprement dites ont été affranchies complétement : il convient de traiter de même une autre catégorie d'articles qui sont regardés par les manufacturiers comme des matières premières, quoiqu'ils aient déjà reçu une élaboration assez étendue. Tels sont les sels et les produits chimiques en général : ils ont été fort dégrevés en vertu du traité de commerce; il faudrait compléter le dégrèvement. Tels sont encore les fontes, les fers et les aciers en barres ou en feuilles. Il est indispensable que l'industrie d'un grand état ait tous ces articles en abondance et au plus bas prix possible. Elle n'est pas placée, vis-à-vis de l'industrie étrangère, dans les conditions de l'égalité tant qu'elle les paie plus cher. Le faible chiffre de nos importations en fer forgé autre que pour rails et en barres d'acier montre déjà que les droits portés au traité sont trop élevés pour ces articles, puisqu'ils sont presque prohibitifs. La même observation s'applique aux cotons filés, matière première de tant de fabrications. Lors de la signature du traité, les filateurs annonçaient, de bonne foi assurément, qu'à moins d'un droit de 35 à 40 pour 100 leur ruine était

(1) L'application des droits est faite, dans certains cas, avec rigueur, probablement par la faute de la lettre des règlemens. L'administration supérieure de la douane est pleine de zèle et de lumières, et elle trouvera sans doute le moyen de corriger ces écarts. Il est à ma connaissance que certaines machines ont payé, depuis le traité, des droits plus élevés que ceux qu'elles auraient supportés auparavant. Les machines où le bois est mêlé au fer dans une forte proportion sont sujettes à ce malheur.

consommée : avec un droit de 10 à 12 pour 100, les filés étrangers ne pénètrent pour ainsi dire qu'en manière d'échantillons.

Le changement le plus urgent à introduire dans notre régime commercial est celui qui aurait pour objet la navigation maritime. Les surtaxes de pavillon ont fait leur temps. On a lieu d'être rassuré à ce sujet par les conséquences qu'a eues en Angleterre l'abolition complète de l'acte de navigation de Cromwell, regardé longtemps comme le palladium de la puissance britannique. Depuis lors, le commerce de l'Angleterre s'est beaucoup accru et la navigation étrangère en a profité, mais la navigation anglaise n'a pas cessé de croître; il est remarquable qu'elle ait conservé à peu près intact le cabotage, qu'on aurait supposé plus particulièrement menacé par la pleine liberté dont jouit aujourd'hui le pavillon étranger d'y participer sur le pied d'égalité (1). Le régime de la protection prétendue de la marine marchande est préjudiciable à nos manufactures et à notre agriculture. Il les contrarie dans leurs approvisionnemens, il les gêne dans l'exportation de leurs produits. Personne apparemment ne voudra soutenir qu'il est favorable à notre marine marchande, puisque de toutes parts on compare avec douleur l'insignifiance de ses accroissemens successifs avec la croissance rapide de celle des principaux peuples navigateurs, et on s'accorde à dire que le mot qui caractérise une pareille situation est celui de décadence.

La question de la réforme de la législation qui régit notre marine marchande est aujourd'hui à l'étude. Le conseil supérieur du commerce se livre à une enquête sur la matière. Il n'est guère douteux qu'à la suite de cette enquête les règlemens actuels ne soient remaniés. Jusqu'où le remaniement ira-t-il? C'est le secret de l'avenir. Dès à présent toutefois on peut dire qu'il n'aura rien été fait que d'éphémère et de très incomplet tant qu'on n'aura pas renoncé à l'inscription maritime. Cette institution, que l'on vante encore par habitude, est au milieu de notre civilisation libérale un débris d'une époque de servitude et d'un régime où le monopole fleurissait. Tous les efforts qu'on accumulera pour multiplier en France la classe des gens de mer, soit pour le service du commerce, soit pour celui de la flotte, seront sans succès tant qu'on s'obstinera à refuser à cette profession ce qui est une irrésistible attraction dans les temps modernes, la liberté, et l'inscription maritime en est la négation.

(1) Je lis dans une circulaire de MM. W. S. Lindsay et Cᵉ, une des principales maisons d'armement du monde entier, que pendant les dix mois clos le 31 octobre 1861, le mouvement du cabotage a été de 20,036,711 tonnes, et que le pavillon étranger n'y est entré que pour 154,000; c'est à peu près 1/2 pour 100.

X. — DE L'AGRICULTURE.

L'agriculture se trouve comprise sous la dénomination générale de l'industrie, et la plupart des observations qui précèdent lui sont applicables. Elle mérite pourtant une mention à part. De tous les arts utiles, c'est le plus intéressant par la grandeur de sa production et par le nombre des bras qui s'y consacrent. L'agriculture n'est pas restée étrangère au mouvement qui a développé de toutes parts la puissance productive de l'homme dans l'exploitation des ressources de la planète. Il faut en faire l'aveu pourtant, c'est l'industrie dont le progrès a été le plus lent. On a fait beaucoup de découvertes applicables à l'agriculture, et la mise en œuvre en a été poursuivie par des hommes persévérans. Cependant, sur le continent européen et chez nous au moins autant qu'ailleurs, le perfectionnement de l'agriculture a eu le caractère d'efforts éparpillés plutôt que celui d'une marche majestueuse et en masse. Il y a eu beaucoup de progrès locaux; il n'y a pas eu un progrès général. En France, on pourrait citer beaucoup de départemens où l'on cultive la majeure partie du sol à peu près comme du temps de Columelle et de Caton. On y a conservé le même araire, et les *Géorgiques* y sont encore l'idéal du genre.

En dehors de l'Europe, sur plusieurs coins du globe, de grands résultats ont été obtenus dans les trois derniers siècles, et même depuis le commencement du siècle courant. Le sucre, le café, le cacao sont devenus dans quelques parties du Nouveau-Monde, particulièrement dans les îles, des productions très étendues. L'intelligente énergie des Américains du Nord a suscité dans les vallées du Mississipi, de l'Alabama et de la Savanah une production de coton qui, pour la quantité comme pour la qualité, mérite d'être citée avec admiration, car cela tient du prodige (1). Le coton américain a fourni à l'activité des manufactures de l'Europe un aliment indéfini et à bon marché. Elle a ainsi puissamment contribué à enrichir les peuples des deux côtés de l'Atlantique (2). La race anglo-saxonne a

(1) La production du coton des États-Unis s'est élevée successivement, de moins d'un million de kilogrammes en 1790, à l'immense quantité de plus de 800 millions en 1860. Toutes les autres provenances ne fournissaient à l'Europe, avant la crise actuelle des États-Unis, qu'environ 140 millions de kilogrammes, et c'étaient en général des qualités inférieures.

(2) L'exportation annuelle de l'Angleterre en articles de coton était montée à près d'un milliard de francs quand a éclaté en Amérique la guerre civile, dont l'effet a été de suspendre les envois de coton brut en Angleterre.

donné en Australie un autre exemple de ces merveilleuses créations par la masse de laine fine qu'elle est parvenue à y produire. Dans le même genre, on pourrait citer les tentatives, à la fin couronnées de succès, que le gouvernement néerlandais a poursuivies à Java avec la persévérance propre à la nation hollandaise pour la culture du thé; mais ce n'est plus là un commerce comparable à celui du coton des États-Unis ou des laines de l'Australie.

Malheureusement, dans d'autres parties du monde, l'observateur impartial est contraint de reconnaître qu'on a reculé plus qu'on n'a avancé. La ruine des grands canaux d'irrigation qui existèrent autrefois dans l'Inde est un fait constant. Une des accusations que l'histoire formulera contre le gouvernement, aujourd'hui aboli, de la compagnie anglaise des Indes, c'est qu'elle n'eût rien fait pour les rétablir. Le beau livre de sir Emerson Tennent sur Ceylan a fait connaître au public européen les innombrables et gigantesques ouvrages qui, il y a quelques siècles, étaient encore en activité dans cette île ravissante, et la faisaient jouir du bienfait de l'arrosage. C'étaient surtout des réservoirs établis par le moyen de barrages au travers des vallées. Ces étonnantes constructions sont aujourd'hui dans une dégradation complète, sir Emerson Tennent l'expose avec douleur. Sans aller à de si grandes distances, sans sortir de l'Europe et du bassin de la Méditerranée, que reste-t-il de la culture autrefois belle et riche des vastes pays qui, après Constantin, formèrent l'empire d'Orient, et sur lesquels depuis s'est établie la domination du croissant? Les ronces, le désert, tous les aspects de la désolation y ont remplacé une agriculture florissante, et de là est né ce proverbe trop vrai, que quelques-uns des hommes d'état de l'Europe font semblant d'ignorer, que là où le Turc met le pied, l'herbe cesse de croître.

A côté de ces dévastations consommées par des barbares, il est consolant de citer les efforts habiles et heureux qu'ont faits les peuples civilisés pour réparer ou prévenir de grands dommages. Un des meilleurs exemples est celui de la culture du quinquina dans l'île de Java par les soins du gouvernement néerlandais, — dans l'Inde anglaise sous l'autorité du gouvernement local. De cette manière, on serait assuré d'avoir toujours un approvisionnement de cette précieuse écorce, malgré l'incurie destructive avec laquelle on l'exploite dans les hautes vallées des Andes.

La situation générale de l'agriculture dans le monde est donc fort en arrière de celle des manufactures, de l'art de la navigation et de celle des transports. Il en résulte quelquefois un péril pour l'alimentation du genre humain. Lorsque les intempéries des saisons faisaient manquer la récolte des céréales dans quelques-unes de nos contrées d'Europe, c'est-à-dire sur un lambeau de la surface cultivable de la planète, combien de fois n'a-t-on pas vu la disette prendre les proportions de la famine, et la civilisation même paraître menacée dans ses foyers les plus renommés, parce que les moyens de s'alimenter manquaient aux populations! C'est aussi un fait avéré que la production des grandes matières premières que l'agriculture fournit aux manufactures, la laine, le coton, l'indigo, n'est plus en rapport avec la consistance des manufacturiers.

Mais est-il besoin d'insister pour qu'il demeure établi que l'agriculture mérite un degré d'attention tout particulier? Il faut donc rechercher les moyens d'en agrandir la puissance productive, ce qui en principe, et en laissant à part la question des capitaux, ne semble pas devoir être très difficile, car la question se réduit presque à généraliser l'emploi de moyens qui ont déjà été expérimentés sur une grande échelle avec un plein succès. Ainsi en France l'irrigation n'est pas développée à beaucoup près comme elle devrait l'être. La grande entreprise d'irrigation pour le Piémont, qui vient de recevoir du gouvernement italien un puissant concours, celui de la garantie d'un intérêt élevé, 6 pour 100, offre un exemple qui, on doit l'espérer, ne sera point perdu pour nous. On l'a dit souvent, nos fleuves charrient à la mer des millions et des milliards qu'il dépendrait de nous d'arrêter en route en jetant leurs eaux sur nos terres. Il serait possible de détourner du Rhône, par exemple, une très grande quantité d'eau d'arrosage, à laquelle le soleil du midi donnerait une immense valeur. N'est-il pas surprenant qu'à la porte de Paris on laisse la sécheresse dévorer tous les étés une province, la Beauce, dont le terroir est bon, et où les capitaux abondent, puisque la plupart des propriétaires sont des Parisiens? Faute d'eau, tous les ans une mortalité inquiétante s'y déclare parmi le bétail. Il serait possible cependant d'amener des eaux d'irrigation en Beauce; on en ferait ainsi un charmant séjour et un territoire aussi fertile que riant.

De même du drainage. En France, sans doute il n'y a pas lieu d'attendre du drainage les mêmes effets qu'en Angleterre, où il a amélioré la culture sur une vaste superficie, parce que dans les îles britanniques l'humidité des terres est un défaut presque général. Il ne laissera pas cependant de rendre des services. Le gouvernement l'a compris, et, imitant résolûment ce qu'avait fait le gouvernement anglais, il a pris l'engagement d'avancer à l'agriculture une très forte somme pour cette destination, 100 millions. Malheureusement on n'a pas imité de l'Angleterre les règlemens simples et d'un esprit pratique à la faveur desquels les propriétaires et les fermiers anglais ont pu aussitôt utiliser la libéralité intelligente de l'état. Le génie paperassier, qui tant de fois en France a paralysé les bonnes intentions de l'autorité supérieure, s'est interposé ici, et la dotation de 100 millions, promise à l'agriculture pour le drainage, reste suspendue au-dessus de sa tête comme un appât que la main ne peut atteindre.

Les règles les meilleures au sujet des assolemens, ainsi que pour la préparation, la conservation et le bon emploi des fumiers, engrais et amendemens, ont été exposées dans des manuels pratiques et enseignées dans de bonnes écoles comme était Roville naguère, comme est Grignon aujourd'hui, et dans diverses fermes-modèles. Cependant, comme si l'on s'était proposé de contredire par la pratique administrative ce qu'on fait recommander dans les livres et les cours, on laisse subsister une surtaxe de pavillon sur la substance qui possède la plus grande vertu pour enrichir la terre, le guano.

Mais pour se rendre bien compte de la situation de l'agriculture nationale, il faut l'examiner dans l'existence des paysans. C'est malheureusement un fait attesté par l'histoire qu'en France et au dehors, sur la majeure partie du continent européen, les populations agricoles, depuis la chute de l'empire romain jusqu'à une époque peu éloignée de nous, ont été traitées, plus que les populations urbaines, en peuples conquis. Cette oppression a duré presque partout jusqu'à la fin du XVIIIe siècle, et c'est la révolution française qui est venue en interrompre le cours. Dans le moyen âge et dans les siècles qui suivirent, on les a pressurées et pillées d'une façon odieuse. Quand ce n'étaient pas les *grandes-compagnies*, les *routiers* et les *malandrins* qui les dépouillaient, c'étaient les hommes d'armes des seigneurs. Il n'a rien existé dans les campagnes qui ressemblât à l'organisation protectrice des communes. Lorsque, poussés par le désespoir, les paysans se révoltèrent sous le nom de *jacques* et de *pastoureaux*, et s'abandonnèrent à des représailles, que certes je ne veux pas excuser, on ne se contenta pas de réprimer leurs rébellions; ils furent traqués et exterminés comme des bêtes fauves. Les lettres de Mme de Sévigné montrent avec quelle barbarie, même dans le siècle policé de Louis XIV, on traitait les paysans, quand ils se mutinaient sous la main qui les frappait. Sur la fin du règne de ce prince, auquel se rattachent dans l'opinion vulgaire tant d'idées brillantes, on vit des paysans français réduits à manger de l'herbe. Louis XIV pourtant était le petit-fils du bon roi qui avait fait le programme de la *poule au pot*. Le législateur ne tenait pas compte des souffrances qui accablaient cette classe infortunée, et ne se demandait pas s'il ne fallait point y chercher la cause qui les poussait quelquefois au désordre; il se refusait à comprendre que l'équité, l'intérêt public, la charité chrétienne, commandaient de changer profondément les lois, afin que ces êtres noirs, livides et tout brûlés du soleil, dont parlait La Bruyère, pussent devenir des hommes et des citoyens.

Même à la veille de la révolution de 1789, le paysan français était beaucoup plus malheureux que l'habitant des villes. Il ressentait plus durement les inconvéniens et les vices du régime politique qui subsistait alors, et qu'on pourrait définir l'inégalité sous un gouvernement arbitraire. Dans son dernier ouvrage, *l'Ancien Régime et la Révolution*, M. de Tocqueville a signalé ce fait, que la bourgeoisie échappait assez facilement à ce que les rigueurs de ce régime avaient de plus offensif, et spécialement à la dureté des lois pénales, tandis que les excès de pouvoir et les brutalités de la législation retombaient de tout leur poids sur le pauvre paysan. La gabelle faisait à elle seule aller aux galères des milliers de personnes, et les victimes étaient surtout des paysans.

La révolution de 1789, en proclamant les principes de l'égalité et de la liberté, a été un grand bien pour la population des campagnes. Elle lui a assuré le bénéfice du droit commun et l'a soustraite à des juridictions oppressives et à une législation pénale qui était abrutissante. La corvée et diverses exactions qui avaient pris force de loi ont été abolies. Les paysans ont continué de former le principal bloc de l'armée, mais avec cette grande différence qu'ils ont pu parvenir au grade d'officier, sous la condition, qu'ils remplissaient rarement, d'avoir quelque instruction. Il faut pourtant l'avouer, pour les paysans le bienfait du triomphe des principes de 1789 a été jusqu'ici, à beaucoup d'égards, virtuel bien plus que positif, une perspective plus qu'une mise en possession. C'est beaucoup dans la vie des peuples qu'une perspective consolante : c'est l'espérance qui réconforte et soutient; mais ici-bas, dans le monde réel, pour que les populations s'en contentent, il faut qu'elles voient leur espoir prendre corps successivement; sinon, il tourne en colères sourdes et en sentimens subversifs. La vente des biens nationaux, en vertu de laquelle un tiers peut-être du territoire a changé de propriétaire en se vendant à des conditions extrêmement favorables pour l'acheteur, n'a profité au paysan que sur de très petites proportions, parce qu'encore fallait-il avoir quelques avances, et le paysan en était dépourvu. C'est presque uniquement la bourgeoisie moyenne, avec les artisans des villes ou des bourgs, qui s'en est enrichie.

En somme, à l'heure actuelle, le paysan français est très pauvre, je ne dis pas dans tous les départemens, mais dans la grande majorité. Sa condition matérielle est bien au-dessous de celle du paysan des îles britanniques. La maison qu'il habite, au lieu de ressembler à ces cottages d'un aspect agréable dont se composent la plupart des villages anglais, peut, presque aussi bien que du temps de La Bruyère, être appelée une *tanière*. On n'y rencontre rien de ce qui fait le bien-être et la commodité de la vie; ce sont des constructions où manque ce qui est le plus indispensable même à l'hygiène : un rez-de-chaussée humide sans plancher, pavé à peine, où l'on est pêle-mêle avec les animaux domestiques; à la porte, un tas de fumier qui empeste l'atmosphère; aucune disposition intelligente pour se garantir du froid pendant l'hiver, quoique à cet égard les modèles soient tout trouvés, puisqu'il n'y aurait qu'à copier l'Allemagne et l'Europe orientale;—une nourriture grossière où la viande n'apparaît que comme un rare phénomène, même dans les provinces les plus renommées pour la production du bétail, fort rarement l'usage du vin malgré l'abondance et le bon marché de cette denrée en France, le plus souvent de l'eau claire, et, dans les départemens qui se croient privilégiés, un cidre dépourvu de toute vertu. Je pourrais citer telle localité située à 50 kilomètres des marchés où le vin est au plus vil prix, et dans laquelle cependant le travailleur des champs, nourri par le propriétaire ou par le fermier, n'a jamais une ration de vin à son repas, excepté peut-être chez quelques propriétaires qui, moins avares ou calculant mieux que les autres, distribuent du vin aux travailleurs à l'époque de la moisson seulement.

L'instruction est au niveau du régime alimentaire et de l'habitation; le paysan français ignore ce qu'il aurait le plus besoin de savoir pour être un agriculteur passable et retirer de la terre un peu de bien-être en échange de son travail. Dans son enfance, il a peu été à l'école, ou, s'il y a été, il a eu bientôt oublié le peu qu'il y avait acquis. Son bagage intellectuel se compose principalement de quelques notions qu'il a pu ramasser lorsqu'il allait de garnison en garnison et de province en province, pendant les sept années qu'il a passées sous les drapeaux. En fait, le paysan français ne sait ni lire ni écrire. Un assez bon nombre, la moitié environ, lorsqu'à vingt ans ils ont comparu devant le conseil de révision et qu'on leur a mis un livre sous les yeux et une plume entre les doigts, ont pu déchiffrer quelques lignes et tracer quelques mots; mais on ne peut raisonnablement compter comme sachant effectivement lire et écrire que celui qui ouvre de temps en temps un livre pour y apprendre quelque chose, ou qui prend volontiers la plume pour écrire une lettre ou faire un calcul. Or j'ose affirmer que dans nos campagnes, parmi la population mâle, entre trente et cinquante ans, il n'y a pas une personne sur dix qui en soit là. Parmi les femmes, il faudrait dire une sur vingt. Une population qui vit dans des conditions semblables est en dehors de la vie civilisée, et à moins de rêves chimériques on n'est pas autorisé à faire fonds sur elle pour un progrès général des arts agricoles, ou pour un accroissement rapide de la richesse publique et des ressources de l'état.

A un autre point de vue, la condition de l'agriculture française laisse beaucoup à désirer, et appelle la sollicitude active du gouvernement et du législateur. Qu'on se rende compte de la situation de la propriété dans les campagnes, particulièrement de celle qui est entre les mains des paysans; qu'on en trace ce que, dans le style des finances de l'ancien régime, on appelait l'*état au vrai*. Voici ce qu'on observe. — La législation civile sur les successions favorise le morcellement du sol et par conséquent la constitution de petites propriétés. Je suis loin de trouver à reprendre à cette tendance, mais je remarque à côté, dans le code de procédure, les articles relatifs à la licitation entre mineurs, desquels il résulte que le petit patrimoine est sujet à être dévoré entièrement après deux ou trois transmissions par héritage, et fortement grevé après une seule. Voilà donc juxtaposées des dispositions légales dont la première provoque la formation d'une vaste démocratie reposant sur la population des champs, tandis que la seconde travaille à la détruire.

S'il est aujourd'hui une vérité élémentaire par rapport à la richesse privée et à la prospérité des états, c'est que toute industrie, pour remplir sa destination et être bien productive, réclame le concours du capital. Or le manque de capital a été, non moins que l'absence de connaissances suffisantes, la cause du retard par lequel l'agriculture se signale fâcheusement entre toutes les industries. Ce n'est pas que depuis 1789 le législateur n'ait reconnu qu'il devait faire son possible pour mettre les capitaux à la portée de l'agriculture; mais la pensée de la protéger à cet égard s'est traduite par la loi de 1807 sur l'intérêt de l'argent, qui limite à 5 pour 100 le taux auquel l'agriculture peut emprunter. Le raisonnement et l'expérience démontrent que cette clause limitative n'est protectrice qu'en apparence et qu'elle tourne au détriment de l'agriculture, et c'est un fait établi aujourd'hui qu'elle l'oblige à payer plus cher le taux de l'intérêt. Dans la plupart des cas, et presque constamment pour la petite propriété, ce taux est au-dessus de 5 et souvent du double. Le gouvernement, qui est rempli de sollicitude pour l'amélioration du sort des paysans, et qui a le sentiment de ce qu'on doit faire en ce genre, a suscité le Crédit foncier, afin que les capitaux devinssent accessibles à l'agriculture. Voilà dix ans que le Crédit foncier existe. Après quelques phases laborieuses, comme celles qui marquent presque toujours les débuts des grandes créations, il est parvenu à une prospérité éclatante. L'administrateur distingué qui le dirige depuis quelques années l'a entouré d'institutions auxiliaires, dont l'une, le Crédit agricole, semble appelée à acquérir de beaux développemens et à rendre de grands services, à la condition cependant que le législateur lui vienne en aide en modifiant ce qui dans nos lois empêcherait le cultivateur de s'y adresser. Quant au Crédit foncier en lui-même, son brillant succès est venu d'une source différente de celle qu'on avait supposée. C'est non à la propriété territoriale qu'il a fait la majeure partie de ses prêts, mais bien à la propriété urbaine. Les avances qu'il a accordées ont servi surtout à bâtir des maisons dans nos villes, dans Paris principalement, et ainsi à embellir et assainir nos cités, surtout à faire de Paris la plus belle ville du monde. Cette transformation dans l'objet même du Crédit foncier, est-ce un écart que l'institution ait commis de dessein prémédité et par calcul? Aucunement. Le Crédit foncier n'a refusé des fonds à aucun propriétaire qui en réclamait, lorsque ce propriétaire a pu produire des titres en règle; mais cette condition, à l'accomplissement de laquelle le Crédit foncier a eu mille fois raison de tenir, ne peut pas être remplie toujours, à beaucoup près. Pour la petite propriété, pour la démocratie territoriale, elle ne peut l'être que par exception, et c'est ainsi que le Crédit foncier n'a pas été utile à l'agriculture, qu'il devait faire prospérer.

Comment lever cette difficulté, contre laquelle sont venus échouer la bonne volonté du gouvernement et le zèle intelligent de l'administration du Crédit foncier? Il est probable qu'on y parviendrait en s'inspirant de ce qui a été fait pendant ces dernières années en Irlande. Un tribunal spécial avait été créé, il y a peu d'années, dans cette partie essentiellement agricole du royaume-uni, à titre temporaire, afin de liquider la situation des propriétaires trop obérés ou liés par trop d'obligations diverses : c'était le « tribunal des propriétés surgrevées » (*encumbered estates court*). On en a fait récemment une juridiction permanente chargée de délivrer à tout propriétaire, obéré ou non, qui se présente, des titres qui remplacent tous les autres, et moyennant lesquels la propriété est parfaitement dégagée. C'est ce qu'on appelle des *titres parlementaires*. Ce tribunal, qui porte aujourd'hui le nom de la « propriété territoriale » (*landed estates court*), fonctionne si avantageusement, qu'il s'agit de créer une juridiction semblable dans les autres parties du royaume-uni.

Enfin on rendrait à l'agriculture un grand service, sans manquer au respect dû aux engagemens et aux promesses de l'état envers le Crédit foncier, si l'on rendait général, c'est-à-dire si l'on étendait à tous les capitalistes, individus ou associations, le bénéfice des dispositions spéciales, et relativement simples, en vertu desquelles le Crédit foncier peut avoir aisément raison soit des hypothèques dites *légales*, soit du mauvais vouloir de ses débiteurs, et contraindre ces

derniers à payer les annuités à l'échéance. Il conviendrait aussi que la durée des prêts hypothécaires pût être étendue, sans renouvellement et par conséquent sans taxe additionnelle, à cinquante ans, ce qui rendrait facile de comprendre le principal avec les intérêts dans les annuités.

Un programme qui date de l'an passé a pris sur les fonds généraux du budget la somme de 25 millions pour être consacrée, dans un laps de huit ou dix années, à l'achèvement d'une certaine catégorie des chemins vicinaux. La mesure est sage, opportune, politique; l'agriculture s'en ressentira. On peut regretter cependant que la somme ne soit pas plus forte. Cent millions n'auraient pas été de trop pour les chemins vicinaux, qui importent tant à l'agriculture.

Même ces améliorations accomplies, il resterait encore quelque chose à faire pour l'agriculture française. La taxe qu'il faut payer pour la transmission, par voie d'achat et de vente, de la propriété foncière est excessive chez nous. Le droit est en principal de 5 1/2 pour 100; avec 1 décime en sus, c'est un peu plus de 6, et avec les 2 décimes qui subsistent en ce moment, c'est au-delà de 6 1/2. Un droit aussi lourd gêne extrêmement les transactions (1). Avec un droit qui serait assez modéré pour que les vendeurs et les acheteurs n'y regardassent pas, la propriété territoriale changerait de main avec beaucoup d'activité pour finir par arriver en la possession des personnes qui ont le plus d'aptitude à la faire valoir. La puissance productive de l'agriculture française devrait, par cela même, augmenter dans une forte proportion. Une des observations les plus remarquables que fournisse l'étude de la législation fiscale de l'Angleterre, c'est que le droit correspondant qu'elle établit est seulement d'un demi pour cent. Le législateur anglais ne craint pas cependant d'établir des taxes élevées, lorsqu'il a lieu de penser que cette élévation n'est pas de nature à entraver la production de la richesse. C'est ainsi que le droit sur les successions est considérable en Angleterre : quand il s'agit de la ligne collatérale, il est égal à ce qu'il est chez nous en principal dans le même cas, savoir de 10 pour 100. Je signale ce dernier fait, parce qu'il me paraît fournir la réponse à une objection qui semble avoir une grande force, celle qui consisterait à dire que, si la taxe sur les mutations à titre onéreux était réduite autant, on frustrerait le fisc des droits de succession par le moyen de ventes simulées entre vifs.

Dans l'intérêt de la puissance productive de l'agriculture, qui se confond avec le bien-être de nos agriculteurs, il y aurait donc

(1) Les notaires, graduant leurs honoraires sur les droits perçus par le trésor, font aussi payer fort cher; puis il y a des charges latérales. Tout cela devrait être réformé, si le droit d'enregistrement l'était.

lieu d'examiner de près la législation de l'enregistrement en ce qui concerne le droit sur la transmission des immeubles à titre onéreux. Cette législation n'est pas d'une origine tellement respectable qu'on puisse la regarder comme une arche sainte. Elle date de l'an VII, époque de désordre et de ruine, où, les sources de la richesse privée et publique étant taries, un gouvernement aux abois se vit forcé d'exagérer ceux des impôts qui rendaient encore quelque chose. Les acquéreurs de biens nationaux, sur lesquels retombait alors principalement cet impôt, parce qu'ils vendaient plus que les autres, avaient fait d'assez grands profits pour que, dans la détresse où se trouvait le trésor, on ne craignît pas de les surcharger. Aujourd'hui ces excuses de la législation sur la matière n'existent plus.

Il n'est pas interdit de supposer que si le droit de mutation dans le cas de transmission à titre onéreux était réduit au taux où il est en Angleterre, et si d'ailleurs les frais d'acte avec les charges accessoires étaient limités, par l'autorité impérative de la loi, à une somme égale au montant même du droit, les transactions authentiques, bien plus libres désormais, se multiplieraient tellement qu'en peu d'années le produit du droit remonterait à son ancien niveau, ou que du moins la perte du trésor resterait fort limitée. Les notaires eux-mêmes trouveraient dans l'accroissement du nombre des actes la compensation à la diminution de leurs honoraires.

Il y a une multitude de transactions sur la propriété foncière qui se font sous seing privé, et qui esquivent ainsi l'impôt. L'administration des finances se donne beaucoup de peine pour obliger les particuliers à les rendre authentiques; elle a échoué jusqu'ici et continuera d'échouer, pour un certain nombre nécessairement, quelque surveillance qu'elle établisse, quelque pénalité qu'elle fasse instituer par le législateur, par la simple raison qu'une bonne partie des transactions qui se cachent sous l'expédient de la convention sous seing privé ne pourraient supporter les frais d'un acte authentique, c'est-à-dire passé par-devant notaire, avec les formalités et les charges complémentaires. Avec le régime très modéré dont je fais ici humblement la proposition, la voie authentique serait adoptée universellement. Les opérations d'achat et de vente auxquelles donnent lieu les terrains à bâtir, dans Paris particulièrement, deviendraient ainsi pour l'état une abondante source de revenus et l'origine d'une multitude d'actes pour les notaires.

Je ne dissimulerai pas cependant que le produit rendu par la taxe sur les transmissions d'immeubles à titre onéreux est une très forte somme; il est monté à 124 millions en 1860. Un ministre des finances avisé ne peut qu'hésiter à compromettre une branche aussi importante du revenu public; mais, en admettant qu'il y eût ici quelque témérité, n'est-il pas vrai que la hardiesse sied à un grand gouvernement qui se propose un objet aussi sage, aussi conforme aux règles de la bonne administration des états, et en aussi parfaite harmonie avec le génie politique des temps modernes que le sont les progrès de l'agriculture et l'amélioration du sort des populations rurales? Les hardiesses conformes aux principes de la civilisation sont presque toujours couronnées de succès.

Si l'on objectait que la situation financière est aujourd'hui tendue à ce point qu'il soit impossible de se livrer sur l'heure à une pareille expérience, on pourrait répondre que les finances publiques devront éprouver, avant qu'il soit longtemps, un grand soulagement, parce que de toutes parts en Europe on reconnaît que les dépenses militaires ont été exagérées depuis quelques années, et qu'il convient de les réduire. Quand le moment de cette réduction sera arrivé, le système des impôts pourrait être remanié de manière à comporter la réforme suggérée ici. Il y a même dans le revenu public de la France un mouvement ascendant tellement prononcé, par le seul fait du libre développement des transactions et des consommations, que si l'on prenait et tenait la ferme résolution de s'abstenir pendant trois ans de grossir le bloc des dépenses de l'état, il n'en faudrait pas davantage pour compenser la diminution de revenu qu'aurait occasionnée la réforme, en évaluant cette diminution fort au-delà de ce qu'elle peut être.

Quand bien même il faudrait, ce que je ne crois point, que pour combler un déficit qui aurait eu pour origine cet abaissement des droits de mutation, l'on demandât a l'impôt foncier 30 ou 40 millions de plus, la propriété foncière n'aurait pas à en murmurer, et devrait s'empresser au contraire d'y applaudir. Ce sont en effet les propriétaires fonciers qui paient la somme aujourd'hui, je veux dire la somme de 124 millions à laquelle s'est élevé le produit de la taxe en 1860. Seulement la taxe actuelle leur est bien plus onéreuse qu'un supplément de 30 ou 40 millions ajouté à l'impôt foncier : elle gène beaucoup plus les transactions, suscite beaucoup plus de retard aux ventes qui souvent sont indispensables pour des partages. des liquidations ou autrement, et enfin elle pèse beaucoup plus sur la valeur des immeubles. La propriété aurait donc grandement gagné au change.

Quoique je sente bien tout ce qu'a d'imparfait l'appréciation qui précède de l'exposition de 1862, je dois clore ici mes observations, heureux si elles ont donné à quelques lecteurs le désir de se rendre compte, par un examen plus approfondi, de tout ce que l'industrie moderne recèle dans ses flancs d'élémens de bien-être pour la société et de puissance pour les états. Les études de ce genre ont pour effet de faire pénétrer profondément dans les esprits une opinion qui n'est pas suffisamment encore passée à l'état de conviction, à savoir que les conditions qui rendent l'industrie grande et prospère sont les mêmes qui font les grands états et les pays libres, que les législations considérées comme les plus avancées et les plus conformes à l'humanité sont les mêmes que réclame l'industrie pour être de plus en plus féconde, et à plus forte raison que les bonnes finances n'ont qu'un seul fondement possible, celui d'une industrie respectée et libéralement traitée.

Je ne terminerai pas sans exprimer le regret qu'il ne m'ait pas été possible de signaler ici un plus grand nombre d'exposans. Le nombre est grand en effet de ceux qui se sont distingués en apportant à la civilisation un contingent de produits meilleurs, plus commodes et à plus bas prix, et même des productions nouvelles; mais de pareils services devraient être consignés ailleurs. On consacre sur des monumens les noms des guerriers qui se sont fait remarquer par des actions d'éclat, et l'on fait bien. Pourquoi n'aurions-nous pas dans quelqu'un de nos édifices des tables de marbre où, à la suite de ces concours périodiques, on graverait les noms des hommes qui auraient fait avancer les arts utiles, ou qui en auraient porté la puissance bienfaisante à un degré ignoré avant eux? J'aurais voulu de même insister davantage sur tout ce que présente de saillant le travail des jurés. Ils ont procédé à l'accomplissement d'une tâche souvent ingrate, toujours laborieuse, avec un zèle infatigable et un dévouement que seul le patriotisme pouvait inspirer. Ils y ont montré un savoir et une expérience qui n'étonneront personne : la plupart étaient déjà bien connus du public pour l'étendue de leur science ou pour leur parfaite connaissance de la pratique des arts utiles. Les rapports qu'ils ont rédigés sont remplis de renseignemens recueillis avec le plus grand soin et la plus louable équité. J'aurais dû aussi exposer avec quelques détails combien les jurés français ont eu à se féliciter de l'assistance amicale qu'ils ont trouvée près des jurés des autres pays, accourus pour être des juges impartiaux dans la solennité dont la métropole du royaume-uni était l'imposant théâtre. Les sentimens dont les jurés de toutes les nations se sont montrés animés les uns envers les autres étaient tels que l'exposition n'a pas été seulement une fête industrielle : de même que ses devancières de 1851 et de 1855, elle a été pour le genre humain ce qu'étaient les jeux olympiques pour les Grecs, une réunion de famille où l'on abjurait, pour un moment au moins, des haines étroites et des rivalités aveugles et où les esprits se retrempaient dans de communes sympathies. Enfin je serais un narrateur bien infidèle et je manquerais personnellement à tout ce que commande la reconnaissance, si je n'ajoutais que la nation anglaise a senti avec grandeur que ce n'est pas un honneur ordinaire que de donner l'hospitalité à l'Europe et au monde civilisé. Elle a été magnifique et cordiale dans la réception qu'elle a faite aux étrangers, parmi lesquels elle semblait se plaire à distinguer les Français, si longtemps ses redoutables rivaux sur les champs de bataille, aujourd'hui ses dignes émules dans les arts de la paix. A l'envi les unes des autres, toutes les classes de la population anglaise ont comblé de bons procédés les exposans et les jurés du dehors. Les membres de la commission royale, si bien dirigée par lord Granville et l'homme éminent qui avait été chargé de présider les présidens des trente-six classes du jury (1), s'étaient empressés d'en donner l'exemple à leurs compatriotes, sur des proportions qu'on égalerait bien difficilement ailleurs. Le caractère qu'ont eu les relations personnelles entre les Anglais et les Français à l'exposition de 1862 suggère une réflexion et une espérance : il n'est pas possible que deux peuples qui se montrent si volontiers tant d'égards réciproques, qui ont tant d'idées communes et tant d'intérêts communs, ne finissent par nouer entre eux les liens d'une étroite amitié. Ce ne sera pas pour leur bien seulement, ce sera pour celui de l'humanité tout entière.

(1) Lord Taunton, plus connu sur le continent sous le nom de M. Labouchère, qu'il portait avant d'être élevé à la pairie.

PARIS. — IMPRIMERIE DE J. CLAYE, RUE SAINT-BENOIT, 7

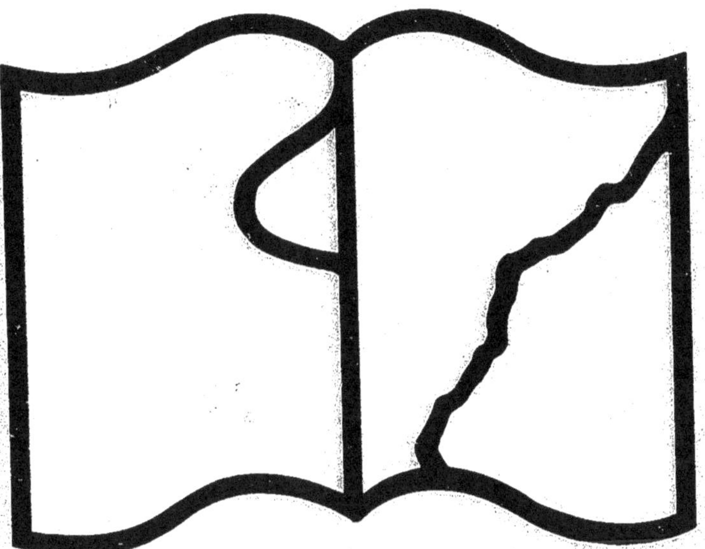

Texte détérioré — reliure défectueuse

NF Z 43-120-11

Contraste insuffisant

NF Z 43-120-14

www.ingramcontent.com/pod-product-compliance
Lightning Source LLC
LaVergne TN
LVHW020433230826
846091LV00004B/1480

* 9 7 8 2 0 1 6 1 7 7 7 5 4 *